멋진 촌놈

● 延堂 鄭 英 洙
CJ 글로벌 경영고문

36년간 적도에서 일궈 낸
한 경제인의 사업과 인생 이야기

이지출판

멋진 촌놈

펴낸날   초판 1쇄 2012년 4월 20일

지은이   정영수
펴낸이   서용순
펴낸곳   이지출판

출판등록   1997년 9월 10일 제300-2005-156호
주   소   110-350 서울시 종로구 운니동 65-1 월드오피스텔 903호
대표전화   02-743-7661   팩스 02-743-7621
이메일   easybook@paran.com
디자인   박성현
마케팅   서정순
인   쇄   네오프린텍(주)

ⓒ 2012 정영수

값 15,000원

ISBN 978-89-92822-80-0   03320

※ 잘못 만들어진 책은 바꿔 드립니다.

이 도서의 국립중앙도서관 출판시도서목록(CIP)은 e-CIP홈페이지(http://www.nl.go.kr/ecip)와 국가자료 공동목록시스템(http://www.nl.go.kr/kolisnet)에서 이용하실 수 있습니다.(CIP제어번호: CIP2012001573)

멋진 촌놈

36년간 적도에서 일궈 낸
한 경제인의 사업과 인생 이야기

 추천의 글

내 친구 정영수

2008년 5월 5일 16시 고려대학교 총장실. 나의 진주중학교 동기 정영수가 찾아왔다. 차를 대접받자마자 하는 얘기가 "나의 아들 주례를 서 주어야겠다"는 것이다. 나는 사실 고대 총장이 되기 전 법대 교수 시절에 215회의 제자를 위한 주례를 섰다. 물론 이 중에는 성북노인복지관에서 주최하는 결혼식을 올리지 못하고 부부로 살아온 80세 생신을 맞이한 어르신 세 쌍의 주례도 포함된다.

그러나 총장이 된 이후에는 "누구를 위하여 주례를 하면 다른 사람의 주례를 서지 않을 수 없기에 평등원칙에 따라 주례를 하면 안 된다"는 조언을 받아들여 총장 재임 중에는 하지 않기로 마음을 먹고 있었던 터이다. 따라서 주례를 할 수 없다고 하였더니 정영수 왈, "주례를 서지 않을 수 없을 걸" 하면서 호탕하게 웃었다.

2008년 8월 31일 12시 CJ인재원 대강당. 나는 정영수의 아들 종환 군, CJ 이재현 회장의 여식 경후 양의 주례를 하고 있었다. '친구의 아들과 제자의 딸이 결혼한다'는데. CJ 이재현 회장은 고대 법대 84학번으로 나의 제자이다.

정영수는 누가 보아도 성공한 인생을 살아왔다. 20대 중반에 싱가포르 주재 상사원으로 나갔다가 무일푼으로 은행 융자금으로 사업을 일궈 60대 중반을 넘긴 일남이녀의 아버지로서, 4명의 손주를 거느린 할아버지로서 건강한 삶을 살고 있으니 말이다.

정영수가 도전과 열정으로 꿈을 이룰 수 있었던 덕목은 무엇일까? 무엇보다도 결단력이 있는 사람이다. 맞선 본 자리에서 부인에게 청혼을 한 것에서부터 무일푼으로 사업을 시작한 일 등 보통사람으로 쉽게 할 수 있는 일이 아니다. 그의 이러한 결단력이 오늘의 정영수를 만들었다.

정영수는 훌륭한 교육자이다. '아이들의 건강과 마음 됨됨이를 교육의 최우선 가치로 삼았다'고 하니 말이다. 자녀를 오로지 일류 대학에 보내 좋은 직장을 얻게 하는 것을 최상의 목표로 하는 한국의 부모들과 대비된다.

정영수는 봉사하는 데에 인생의 가치를 두었다. 그가 최고의 가치로 삼은 것은 '평생 남에게 봉사하고 더불어 산다는 것에 대한 가치를 실천하며 아름다운 세상을 만드는 데 일조하는 사회인이 되고자 하였다.' 동포사회와 국가를 위하여 한인회, 한국학교, 상공회의소, 평화통일자문회의, World-OKTA(세계한인무역협회), 싱가포르 국제상공회의소, 싱가포르 국제연합회를 결성하거나 창립 또는 그 회장으로 대한민국의 국격을 높이는 데 헌신하였다.

정영수는 신앙인이다. 할머니와 함께 불교와 접한 유년시절이 있었으나 부인의 인도로 1984년 12월 1일 세례성사를 받은 후부터는

독실한 가톨릭신자가 되었다. 가톨릭교도로서 언제 어디서나 주말 미사를 꼭 지키며, 주일 아침에 가장 반가운 손님을 맞이하는 마음으로 몸을 청결히 하고 일주일 간의 마음의 때를 온전히 씻으며, 또한 인연을 소중히 생각하는 삶을 살아왔다.

정영수는 스포츠맨이다. 한때 수술을 받는 아픔도 있었지만 고교 재학 시절에는 농구선수로, 그 후에는 테니스와 축구 마니아로, 중년부터는 골프를 즐기고 있다. 운동을 통하여 일궈 낸 체력임에도 그는 '부모님으로부터 물려받은 강인한 체력이다' 라고 하는 효자이기도 하다.

이 책은 칠십을 바라보는, 해외에서 사업을 성공적으로 일궈 낸 한 한국인의 인생사이다. 한상(韓商)으로서 화상(華商)보다 더 많이 일궈 낸 그 수많은 업적들은 대한민국 국민이라면, 특히 젊은이들이 반드시 읽어야 할 내용이 담겨 있다.

중학교에서 함께 수학한 친구로서 이 멋진 사나이의 일대기를 감히 모든 이들에게 읽어 주십사 하고 적극 추천하고 싶다. 남이 살아온 인생사를 보고 배우면서 독자 여러분의 삶도 윤택하고, 행복하고 더 멋진 미래를 열어가는 장대한 꿈을 가지기를 기원한다.

2012년 3월 말에
대법원 양형위원회 위원장실에서
이기수(전 고려대 총장) 씀

프롤로그

평생 '졸면 죽는다' 는
각오로 살아왔다

1970년대 들어 한국 경제는 수출주도형으로 바뀌면서 해외로 눈을 돌리기 시작했다. 그 무렵 나는 해외 상사 주재원으로 파견되어 인생의 반 이상을 해외에서 살았다. 그리고 1984년, 자본금이 모자라 은행빚으로 사업을 시작하면서 처음 2년간은 냉엄한 현실에 부딪쳐 혹독한 경험을 했다. 그때 나는 '졸면 죽는다' 는 각오로 불철주야 열심히 뛰었다.

처음 사업을 시작했을 때를 돌이켜보니 어려움이 한두 가지가 아니었다. 하지만 한국의 수출일꾼으로서 내가 하는 일이 가족의 행복을 위한다는 믿음과 우리나라 경제에 일조한다는 신념으로 어려운 일이 있을 때마다 스스로 마음을 다잡았다.

돌아다니는 것을 좋아하긴 하지만 비행기를 제3의 거처로 삼을 만큼 세계를 오가는 생활을 하게 될 줄은 정말 몰랐다. 가깝게는 영업과 판매를 하기 위해 처음 나온 현대자동차 스텔라를 타고 주 1회 이상 (1년 53회) 말레이시아 전역을 달리기도 하였고, 멀게는 미국에서 영국까지 5대양 6대주를 누비고 다녔다. 내 자신의 신념을 가슴에 새기고서….

부모님으로부터 물려받은 강인한 체력과 불굴의 의지로 부족함을 메워가며 뛴 덕분에 사업의 성장과 가정의 안정을 이룰 수 있었다. 늘 풍족한 것은 아니었지만, 아이들의 건강과 마음 됨됨이를 교육의 최우선 가치로 두고 부단히 노력한 결과 모두 건강하고 국제적인 인재로 길러 결혼도 시키고 손주까지 보게 되었으니 인생의 한 고비를 넘어선 느낌이다.

돌이켜보면 평생 남에게 봉사하고 더불어 산다는 것에 대한 가치를 실천하며 아름다운 세상을 만드는 데 일조하는 사회인이 되겠다는 것을 내 인생의 모토로 살아온 시간들이었다. 나름대로 사회에 헌신하면서 훌륭했던 조상들의 얼을 되새기며 행복한 집안의 가장 역할을 다하려 한 노력에 이제는 감히 자부심을 갖게 되었다.

바로 그러한 시기, 이제는 다 이룬 게 아닐까 하는 만족감과 안정감이 충만했던 그때 수술의 시련을 겪었던 것을 생각해 보면 이 또한 주님의 보살핌이 아니었을까 싶다. 이제 남은 인생은 내 앞길에 등불을 비추기보다 후손들과 후배들을 기르고 보듬어 더불어 사는 아름다운 삶으로 만들어 가기 위해 끊임없이 봉사할 것을 스스로 다짐해 본다.

2012년 봄 남산기슭 CJ인재원에서

延堂 鄭 英 洙

차 례

추천의 글 내 친구 정영수 _ 이기수 · 4
프롤로그 평생 '졸면 죽는다'는 각오로 살아왔다 · 7

제1부 | 삶의 광장

상사 주재원에서 창업을 하기까지 · 12
친친자자(親親子子) · 20
모국어는 경쟁력이다 · 31
삶의 윤활유, 나의 취미생활 · 38
건강은 과신하는 것이 아니다 · 47
아내와의 운명적인 만남 · 52
우연에서 필연적 인연으로 · 62
정신적 버팀목이 되어 준 신앙생활 · 71
동포사회와 국가를 생각하며 · 87
역대 다섯 대통령과의 만남 · 109
세계의 대통령 반기문 유엔 사무총장 · 114

제2부 | 사색의 광장

『한누리』 첫장을 넘기며 · 118
> 흩어진 힘과 실력을 모아 공동의 선과 이익을 추구할 때 / 적극적인 참여로 한인사회의 단합된 힘을 / 공동체적 결속과 노력 다한 값진 한 해 / 즐거움과 기쁨을 배로 나누는 자리 …

싱가포르에서의 삶 · 173
> 동심(童心) / 리콴유 이야기

여행의 기록 · 180
> 잘츠부르크를 다녀와서 / 보길도에서 / 지중해 선상에서

가족과 함께 한 소중한 순간 · 187
> 백일 축하 / 돌날 일기 / 서른여덟 해의 나들이 / 그대 앞에 / 진정한 친구가 되는 길
> 어머니의 비밀 / 야유회 / 주부백일장 / 결혼기념일 / 돌아온 명품 / 세 남매의 결혼 …

제3부 | 실천의 광장

자랑스런 한국인(국제경영 부문) · 218

싱가포르 한인회장 · 223

싱가포르 한국학교 재단이사장 · 246

싱가포르 평화통일자문회의 지회장 · 254

싱가포르 한국상공회의소 회장 · 265

에필로그 인공의 낙원에서 · 276

제1부

삶의 광장

싱가포르는 나에게 있어 영광과 축복의 땅이다. 이곳에서 끝없이 노력하고, 봉사하고, 운동하고… 모든 것을 감히 성공했다고 말할 수 있는 기회를 만들어 준 곳이다. 특히 봉사할 수 있는 기회를 갖게 되고, 많은 사람들과 사귀고 인연을 맺을 수 있게 해 준 것은 나의 철학과 맞아떨어졌다.

 제1부 삶의 광장

상사 주재원에서
창업을 하기까지

●●
●

　　　　　　　　　상사 주재원으로 8년(1977~1984 홍콩/싱가포르)차 싱가포르 법인장으로 근무할 때 나는 불혹의 나이를 앞두고 있었다. 그 무렵 앞으로 40년 나의 미래를 어떻게 설계할까 심각하게 고민하다가 사업을 구상하게 되었다.
　사실 나는 공무원인 아버지와 시장에서 양품점을 하시던 어머니 슬하에서 청소년 시절(초등학교 후반 3년, 중학교 3년)을 보냈고, 고등학교 1학년 때부터는 공무원을 그만두고 극장(중앙극장)을 인수하여 운영하시던 사업가 아버지의 모습을 보며 자랐다. 처음에는 극장이 꽤 잘 되었던 것으로 기억하나, 고등학교 2학년 때 TV 보급이 확산되면서 아버지의 극장사업은 사양길에 접어들었다. 급기야 영화 2편을 동시에 상영해도 수지를 맞추기 어려워 사업이 곤경에 처하게 된 것을 보았다.

그 당시 대학 입시를 준비하고 있던 나에게 아버지는 서울 유학은 어려우니 지방대 진학을 권유하셨다. 하지만 아들의 장래를 생각하여 결단을 내리신 어머니의 배려로 서울 유학길에 오를 수 있었다.

처음에는 아버지의 사업 부진 경험으로 사업가의 길이 좋게 보이지만 않아 엔지니어나 공무원의 꿈을 가지고 있었다. 하지만 엔지니어 공부에는 흥미를 못 느껴 행정고시 준비를 했었다. 그러다가 군대를 가게 되었고, 월남 파병을 지원하여 그곳에서 현지 기술자들의 사업 현황을 유심히 관찰하면서 경영과 무역 분야에 차츰 관심을 가지게 되었다.

제대를 하고 복학을 한 후 전공을 바꾸어 경영과 무역을 본격적으로 공부하게 되었다. 그리고 졸업을 하자마자 전자제품 제조 및 무역

1980년 홍콩 주재원으로 근무하던 시절

을 하는 회사에 취업하여 1974년 무역사 자격증을 취득하였다. 그 후 더욱 업무에 박차를 가하면서 좋은 평가를 받아 해외 주재원으로 선발, 1977년 6월 홍콩에 파견되어 글로벌 경제인의 첫발을 내딛게 되었다.

홍콩에 주재하면서 대만과 필리핀에 출장을 자주 다니게 되어 해외 무역영업의 귀한 경험을 차근차근 쌓아 나갔다. 그리고 1981년 싱가포르 법인장으로 옮겨 인도네시아, 말레이시아, 태국 등을 다니며 주문을 받고 납품하는 등 국제무역뿐만 아니라 회사 운영에 대한 경험을 하면서 막연하게나마 창업에 대한 꿈이 싹트기 시작했다. 창업을 하여 한국 상품을 동남아시아에 수출하면 나 개인뿐만 아니라 한국 기업의 수출을 도와주고 외화가 필요한 국가에 큰 도움이 될 것 같다는 자신감과 애국심이 생겼다.

특히 내가 취급하던 전자제품 및 부품은 B2B 사업이었기 때문에 당시 한국 소비재 제품이 알려지지 않았던 싱가포르에서 B2C 사업을 하면 잘 되리라는 전망이 있었다. 본사에 타 회사 제품을 선별하여 무역을 대행하는 사업을 몇 번 건의해 보았으나 자사 제품만 취급하라는 본사 지시에 여러 번 계획이 무산되자, 창업에 대한 꿈과 의지가 점점 커져 갔다.

해외여행 자율화(1989년) 이전에는 무역회사의 해외 근무 자체만으로도 선망의 대상이었다. 뿐만 아니라 회사에서도 해외 주재원에 많은 투자를 기울이던 상황이라 선택받은 입장에서 이를 저버리고 창업을 결심하기는 쉽지 않았다.

또한 창업을 한다 해도 다니던 회사 제품과 같은 종류의 상품을 판매한다는 것은 도의적으로도, 나의 자존심도 허락하지 않아 무척 망설이고 고민하던 시기였다. 그 과정을 지켜보던 아내가 무슨 고민을 그렇게 하느냐고 묻기에 창업에 대한 꿈을 털어놓자, 의외로 아내는 안정적인 주재원보다 다소 모험이랄 수 있는 창업의 꿈을 전폭 지원한다는 것이었다. 해외생활을 같이 하면서 옆에서 지켜보니 당신은 정말 잘 해낼 수 있을 것이라며 자신감을 심어 준 아내에게 용기를 얻어, 1984년 6월 회사에 사표를 내고 같은 해 8월 31일 드디어 나의 회사를 설립하게 되었다.

회사 이름은 영어나 한국어로 부르고 외우기도 쉽게 JINMAX로 지었다. 진주 사람이 해외에서 큰 회사로 성공해 보겠다는 의미로 진주 JIN에 큰 사업 및 최선의 노력을 다한다는 Maximize에서 MAX를 따와 JINMAX라는 이름으로 창업(자본금 S$ 430,000)을 하게 되었다.

처음 아이템 선정은 소비자가 직접 사용할 수 있는 소비재에 한국 제품 및 디자인의 정체성(Made in Korea)을 인식시킬 수 있는 제품을 찾는다는 기본 목표를 정하고 이리 뛰고 저리 뛰고 한 끝에, 내가 찾고 있던 아이템과 부합되는 비디오/오디오 테이프를 그해 10월 한국 전자박람회에서 발견하였다. 관련 회사(새한미디어)와 접촉하여 OEM 베이스로 동남아 독점판매권(Exclusive Agent)을 따내기 위해 사업계획, 미래전망 등의 프레젠테이션을 하였고, 당시 새한미디어 이창희 회장의 적극적인 지원을 받아 첫 사업을 시작하게 되었다.

상사 주재원에서 사업가로의 변신은 모든 것이 낯설고 힘든 나날의 연속이었다. 한국이란 나라의 인지도조차 미미하던 시절, 개인사업을 시작하니 어려움이 한두 가지가 아니었다. 처음 2년간은 엄청난 고생을 하였다. 비디오테이프 20Ft One Container를 수입하면

JINMAX 창업식 때 아내와 함께

수량은 40,000개, 금액은 USD 80,000 정도 되었는데, 싱가포르 판매는 외상이 많아 현금을 마련하기 위해서는 수출이 필수였다.

제일 가까운 나라 말레이시아는 육로로 다닐 수 있어 판로를 개척하기 위해 우선 자동차를 구입하였다. 당시 현대자동차가 싱가포르에 처음 수출한 빨간색 스텔라였다. 트렁크와 뒷좌석에까지 비디오테이프 2,000개를 가득 싣고 매주 금요일마다 말레이시아로 가서 조호르바루, 바투바하, 모아, 말라카, 셀랑고, 쿠알라룸푸르, 이포, 페낭 등 각 도시에 있는 비디오 대여점을 직접 방문하여 판매했다.

고생스러웠지만 소량 판매를 하면 좀 더 좋은 가격을 현금으로 받을 수 있어 회사 재정에 큰 도움이 되었다. 말레이시아 출장을 갈 때마다 가지고 간 물건을 다 팔지 않으면 돌아오지 않을 굳은 각오로 떠났기 때문에 물량 대부분을 판매하고 싱가포르로 돌아오는 길은 늘 기쁘고 보람찼던 기억으로 남아 있다.

또 KL의 큰 백화점 Metro Jaya Department Store의 거래가 성사되어 대량판매가 이루어졌을 때의 감회도 잊을 수 없다. 그때가 1985년이었는데 눈코 뜰 새 없이 돌아다니던 한 해가 저물어가던 12월쯤, 아내가 말하길 올해 말레이시아를 53번 다녀왔다고 했다. 그제서야 일 년 동안 매 주말 말레이시아 전국을 돌아다녔구나 하는 생각이 들었다.

예나 지금이나 예고 없이 비가 내리는 나라이지만 당시에는 도로 사정까지 열악했기에 매우 위험했다. 큰 사고를 당할 뻔한 적도 여러 번이어서 간담이 서늘해지기도 한다. 지금 생각해 보면 열정과 패기 하나만으로 모든 것을 극복했던 날들이 아니었나 싶다. 참으로 간도 크고 용감했던 젊은 날의 추억이다.

그렇지만 나의 브랜드(JINMAX)를 고집하고 Made in Korea를 고집하니, 인지도는 물론이거니와 그때만 해도 일본 브랜드(3M, Fuji, National, Akai 등)가 시장 점유율 95%를 차지하고 있던 상황에서 일본 회사의 가격담합 방해공작까지 겹쳐 거의 파산 일보 직전(자본금 및 은행 대출금 적자로 소진되는)까지 몰리기도 했다.

그러나 '졸면 죽는다' 는 표어를 벽에 붙여 놓고 정신을 바짝 차리고 불철주야 뛰어다녔더니, 주 경쟁국이었던 일본의 엔화가 평가절상되면서 1986년 11월부터 사업이 실타래 풀리듯 술술 풀리기 시작했다. 1987년 초에는 제품이 없어 팔 수 없을 정도로 사업이 번창하였는데 '지성이면 감천'이라는 말을 실감한 순간이었다. 그때를 정리해 보면 성공의 비결은 다음과 같다.

- 철저한 현지화로 신뢰 구축 및 인적 네트워크 형성
- 테스트 위주로 제품의 품질 보증
- 자체 브랜드로 신문, 버스 광고를 꾸준히 하여 인지도 각인 및 해외시장 개척에 총력
- 제조업체와 가격, 디자인 등 긴밀한 협조 및 지원 협의

이후 1980년대 후반 한국 제조업의 경쟁력이 약화되었을 때(노동운동 격렬, 임금상승 등) 이창희 회장님의 배려로 싱가포르, 태국, 말레이시아에서 테이프를 조립하여 유럽에 수출할 기회를 얻어 원료도 팔고 완제품도 판매하면서 월 수백만 개(OEM)를 수출하기에 이르렀다(영국 MEMOREX, BUSH).

자체 브랜드 비디오/오디오 테이프를 동남아시아는 물론 프랑스, 스페인, 미국 등 선진국에 수출하여 시장을 개척하고 실적을 쌓으니 싱가포르 수출기업 Magnetic 부문에서 수출 1위뿐만 아니라 Local Domestic 공급 1위(Videotape/Department Store/Duplication)라는 경이로운 실적을 올려, 1991년 한국에서 수출의 날 훈장인 수출산업포장을 받는 영광을 누리기도 했다.

1차 창업으로 성공이라는 단어를 쓸 정도로 목표를 달성하고 2000년 (주)한국센제임스, 2004년 대국합작법인 (주)로얄실베라를 차례로 창업하여 성공적으로 경영하던 중 2009년 CJ그룹 글로벌 고문으로 취임하게 되면서 개인사업은 정리를 하였다.

지난 25년간 개인사업가로 시장을 개척하기 위해 지구를 수십 바퀴 돌아다니며, 특히 말레이시아 이포와 파키스탄 비자왈에 가는 중에는 죽을 고비를 넘기면서 해외사업을 위해 혼신을 다하였다. 그리고 미국 디트로이트(K-MART), 스페인(바르셀로나), 프랑스(파리), 호주(시드니) 등에서 신용장을 받아들고 행복의 눈물을 흘리던 시기를 떠올려 보면 지금도 감회가 새롭다.

젊은 날 나의 꿈을 위해 뜨거운 열정을 쏟아부을 수 있었음을 생각해 볼 때, 역시 사업은 해 볼 만한 가치가 충분한 영역이며, 후배들에게도 잘 할 수 있는 일을 찾아 도전해 보라는 조언을 해 주고 싶다. 더구나 전 세계가 하나로 이어진 현대사회에서 제한된 지역에 머물며 '우물 안 개구리'로 살기보다는 시야를 넓혀 무한경쟁이 펼쳐지는 세계를 무대로 뻗어나가는 젊은이들이 되었으면 한다. 나 역시 과거의 경험을 바탕으로 CJ그룹 글로벌에 일조하면서 후배들에게 노하우와 네트워크를 전수하는 동시에 국제교역의 토대가 될 수 있도록 최선을 다할 것이다.

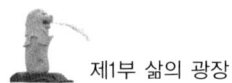 제1부 삶의 광장

친친자자
親親子子

• •
•

                  초등학교 시절 어머니는 시장에서 양품점을 하셨다. 학교를 마치고 집에 돌아오면 어머니가 계시지 않아 외롭고 서운했던 기억이 항상 남아 있었다. 결혼 적령기가 되어 맞선을 보고 지금의 아내를 만나게 되었는데, 같은 고향이어서 선을 보기 전에 양가에서 기본적인 이야기가 오가고 맞선까지 보게 되었던지라 보자마자 마음에 들어 결혼하자고 했다. 그리고 하루가 지난 후 직장생활을 하고 있는 상대방에게 결혼 후에 따라주었으면 하는 부탁을 전했다.

   - 행복한 가정을 만들기 위해 결혼 전에 직장생활을 정리해 줄 것.
   - 자식들이 학교에서 돌아오는 시간에 집에서 맞이해 줄 것.
   - 맏며느리로서 일가친척 간 우애를 지켜 줄 것.

다행히도 아내는 같은 생각을 가지고 있었다. 그러고 보면 나는 처음부터 자녀교육에 관심을 가지고 계획을 세워 놓았던 것 같다. 물론 어릴 적 가정환경의 영향도 있었지만 후세 교육만이 집안을 바르고 굳건하게 만들 수 있다는 것을 살아가면서 더욱더 절실히 느꼈다.

화초를 기를 때에도 햇볕을 쬐이고, 물을 주고, 잡초도 뽑아 주고, 가지도 치고, 영양분을 공급하기 위하여 따로 거름을 주지 않는가. 한낱 화초를 기를 때에도 이럴진대 자녀를 키우는 일이야 더 말해 무엇 하겠는가. 사람은 감정이 풍부하고 환경의 영향을 크게 받는 데다가 성장과정에 다양한 변수가 발생하기 때문에 극진한 관심과 정성을 쏟아야 올바르고 훌륭하게 키울 수 있다고 믿는다.

큰아이가 한 살 때 해외지점에 근무하게 되어 해외생활을 시작하였다. 그리고 홍콩에서 둘째와 셋째가 태어나고 자라 어떻게 해야 교육을 잘 시킬 것인지 많은 고민을 하였다. 환경과 문화가 다르고 언어가 다른 외국 땅에서 정체성을 살리면서 티없이 자라 국제적인 인재를 만들기 위해 선배들의 경험담에 귀를 기울이며 최상의 길을 찾기 위해 노력하였다.

아이들이 유치원에 들어갈 무렵 구체적인 고민을 한 끝에, 해외생활의 기본인 언어를 배우도록 프랑스 계통의 유치원에 입학시켜 영어부터 익히게 했다. 집에서는 아내가 한글을 깨우칠 수 있도록 한국에서 한글책과 장난감을 가져와 놀이와 학습을 할 때 철저히 한국어를 사용하도록 하였다.

큰아이가 유치원에 다니고 둘째아이를 유치원에 보낼 즈음 나는 싱가포르 법인장으로 발령을 받았다. 아이들에게 환경 변화를 최소화하기 위해 부모님이 계신 고향 진주에 보내 4개월 동안 우리말과 글을 배우면서 적응하는 시간을 가졌다. 그 후 싱가포르로 이사 와서 St. James(Holland Road)라는 유치원에 입학시켜 본격적인 영어 공부를 시작하였고, 큰아이는 국제초등학교에 다니게 되었다.

2년쯤 뒤 개인사업을 시작하게 되자 해외에서 뿌리를 내리려면 현지 학교에서 친구들을 많이 사귀게 해야겠다는 생각에 전학을 시켰고, 둘째와 셋째 역시 현지 학교에 다니게 했다. 현지 학교는 영어를 기본으로 하고 제2 외국어를 중국어로 택하여 어릴 때부터 3개 국어를 하느라 아이들이 고생을 많이 했다. 특히 집에서는 한국어를 고집스럽게 사용하도록 하였다. 다행히 아내가 직접 수학을 가르치니 수학 점수는 모두 다 뛰어나 별도 개인수업은 받지 않아도 되었다.

뿐만 아니라 정서교육을 위하여 큰딸은 피아노, 작은딸은 플룻, 아들은 바이올린을 배우게 했다. 악기 하나쯤 다룰 수 있으면 성장해서도 좋은 취미생활을 할 수 있을 것 같아 꾸준히 연습을 하게 했다. 그리고 토요일은 수영, 일요일은 미술학원에 아이들을 데려다 주면서 이런저런 이야기를 나누는 것이 주말의 큰 즐거움이었다.

아이들이 커 가는 동안 각자의 소질과 적성을 찾아 주기 위해 관심을 갖고 다양하게 노력하였다. 일년에 두 번 방학 때는 꼭 한국에 보내어 여러 곳을 다니며 우리 문화와 정서를 익히고 느낄 수 있도록 하였다. 특히 한국에서 바둑, 서예, TV 등 열심히 듣고, 쓰고, 보게 하여 그곳에서 자란 아이들과 다름없는 감각을 갖게 하려고 했으며, 어른들과 생활하면서 예의와 사랑을 가르쳤다.

한국을 경험하면서 실컷 놀고 싱가포르에 돌아와 학교로 돌아간

아이들은 한두 달 성적이 뚝 떨어지기도 했다. 공부 욕심이 많은 큰아이는 눈물을 흘리면서 한국에서 즐겁게 놀았던 시간을 후회하며 속상해 하기도 했지만, 해마다 한 번도 거르지 않고 한국에 보냈다. 경제적으로 힘이 들기도 했지만 외국에서 살고 있는 아이들을 한국 아이로 키운다는 자부심과 의지로 한국을 오가던 아내가 고맙기도 했다. 돌이켜보면 무척 고생스러웠으나 잘 자란 아이들이 자신들도 아빠, 엄마처럼 아이들을 키우겠다는 걸 보면 고맙고 뿌듯하여 눈시울이 뜨거워진다.

큰아이가 고학년일 때는 한국 TV 프로그램 중에서 퀴즈, 연예오락, 교육방송을 녹화하여 매주 3~5개의 비디오 테이프를 받아 일요일에 아이들에게 보여 주었다. 그 덕분인지 지금도 그때 한국에서 유행하던 의상, 노래, 연예인 등을 잘 알고 있어 친구들이 한국에서 자란 것으로 착각하기도 하고, 또래를 만나도 대화의 단절 없이 소통이 잘 된다고 하니 싱가포르 현지에서 뿐만 아니라 다양한 한국 친구들을 많이 사귈 수 있었다.

이렇게 나름대로 노력을 기울였음에도 현지 학교에서 교육받고 싱가포르 친구들과 어울리다 보니 한글이 서툰 것은 어쩔 수 없었다. 사업으로 바쁜 때였지만 가능하면 일찍 퇴근하여 한글로 된 성경책을 큰 소리로 읽으면서 한글을 자연스럽게 익힐 수 있도록 많은 시간을 투자하였다. 매일 큰아이가 1챕터, 둘째가 2챕터, 셋째가 3챕터, 나와 아내가 마지막 챕터를 읽어 일 년 동안 신구약 성경을 다 읽었다. 제왕기를 읽을 때 살인 등 어려운 주제가 등장하면 호기심 많은 아이들이 초롱초롱한 눈빛으로 다양한 질문을 쏟아내어 아

1981년 홍콩에서

세남매 세은, 지은, 종환

내와 나를 당황하게도 했지만, 그 후 이따금 성경을 인용하여 글을 쓰는 것을 보면 대견하고 흐뭇한 마음이 들었다.

큰아이가 중등학교에 진학할 때는 사업을 시작한 지 얼마 되지 않아 여유가 없었고 또 옆에 두고 싶어 싱가포르 현지 학교를 다니게 했는데, 다행히 공부를 곧잘 하였지만 대학은 서울로 보내기로 마음먹었다. 마침 아이들 막내이모가 중·고등학교 교사인지라 여름방학 때 매년 2~3개월씩 그 학교에 보내 한국 또래 학생들과 수업을 같이 받게 하였다. 한국 감각을 익히게 한 것이 연세대학교에 진학하는 데 큰 도움이 되었으며, 대학에서 공부할 때도 적응이 빠르고 정서적으로 안정되어 마음이 놓였다.

결과적으로 국적 있는 교육을 시켜 자랑스러운 한국의 딸로 만들었다고 생각한다. 큰아이는 대학 졸업과 동시에 아리랑 TV 앵커로 근무하다가 MEDIA CORPORATION Singapore Channel News Asia Prime Time(06:00~09:30)에서 현재 10년째 앵커로 일하고 있다. CNA는 중국, 인도, 인도네시아 등 22여 개국의 약 2억 명의 시청자를 가진 아시아 최대 방송국이므로 아시아 여러 나라 출장 중에도 매일 아침 화면으로 만날 수 있어 기쁘기 그지없다.

둘째와 셋째는 미국에서 공부하는 것으로 의논하였는데 사업이 안정 궤도에 접어들면서 경제적으로도 여유가 생겨 미국 서부, 동부 쪽 사립학교를 검토하게 되었다. 싱가포르는 더운 곳이라 반대 기후에서 생활해 보는 것도 좋은 경험이 될 것 같았다. 동부 쪽은 좋은 대학이 많아 보스턴 근처 기숙사가 있는 명문 사립학교를 6개월에 걸쳐 조사하여 최종 10개 학교를 골라 인터뷰 신청을 하고 1994년 9월 입학사정관을 만났다.

사정관들은 싱가포르 출신 학생들이 공부도 열심히 하고 영어를 잘 한다고 환영하는 분위기여서 우리가 선택한 학교에 갈 수 있을 것이라는 긍정적인 답변을 해 주었다. 면접을 마치고 아내와 함께 깊이 생각한 후 아이들이 어려(중3) 같은 학교에 보내고 싶기도 하지만 독립심도 길러 주고 독자적으로 생활하는 환경을 만들어 주기 위해 둘째는 한 시간 거리가 있는 St. Mark(Southborough MA)에, 셋째는 Milton Academy(Milton MA)에 보내기로 했다. 1995년 9월 아이들을 학교에 보내고 27시간이나 걸리는 비행기를 타고 보스턴에서 싱가포르로 돌아오니 아내는 괜히 어린 아이들을 따로 떼어놓았다고 눈시울을 적셨다.

그렇지만 그때 모질게 결정한 것이 결과적으로는 강건한 정신을 갖게 하였다. 아이들은 지금도 좋은 학교에서 공부하고 생활할 수 있는 기회를 줘서 고맙다고 말하고 있다. 학비가 연 USD 100,000, 항공료(부모 방문 포함), 기타 비용 등 허리를 졸라매야 했지만 합리적이고 성숙한 어른으로 잘 자란 아이들을 보면 자랑스럽고 정말 현명한 판단이었다는 생각이 든다.

고등학교를 졸업한 둘째는 미국의 여러 유수한 대학에서 입학허가를 받았지만 홍콩에서 태어나고 싱가포르, 미국에서 자라 대학까지 미국에서 졸업하면 자칫 한국과 멀어질 것 같아 설득하여 한국에서 대학 공부를 하기로 하고 고등학교 졸업하는 다음날(1998년 5월 25일) 바로 서울에 보냈다.

아이들 유학 첫길 미국 뉴욕에서…

미국에 도착한 날,
가을하늘이 우리 아이들의 앞날을 밝혀 주는 것처럼 맑다.
나의 생의 보람인 아이들의 장래 문제를 생각한다.
큰딸 세은이는 조국의 대학에 진학하게 하고
집안의 큰아이로서 또 해외생활을 오래한 우리에게
고국에 계시는 부모님과 우리 가맥을 이어가게 하고,
학문과 사회생활의 터전을 마련해 주어
한국에서 훌륭한 인물로 키우기로 결정했다.
둘째 지은이와 셋째 종환이는 미국으로 보내 그들의 이상과
꿈을 키워 심도 있는 학문을 연구하여 훌륭한 일꾼으로 사회에
진출할 수 있도록 지원과 지도를 하기로 했다.
그들이 세계 곳곳에서 꿈을 키우고 학문을 갈고닦아
대한민국을 짊어질 수 있는 훌륭한 사람으로 자라주길
이 부모는 바란다.

1994년 9월 4일

지금 생각하면 참 냉정하다 싶을 만큼 진로를 생각한 결정이었지만, 아이는 부모의 뜻을 잘 따라 6개월 동안 열심히 공부하여 그 해 11월 서울대학교 사회과학대학에 진학하였다. 졸업하는 데 6년쯤 걸릴 줄 알았더니 4년 만에 졸업하였고, 서울에서 직장생활을 하고 싶다며 미국 회사 TYCO에 입사하였다. 서울 및 동남아 본사(싱가포르) 4년, 에센추어에서 인사과장으로 근무하다가 결혼하고 나서 회사를 그만두고 지금은 육아에 전념하고 있다.

셋째는 고등학교를 졸업하고 1999년 뉴욕에 있는 컬럼비아대학교에 입학하여 공학, 경영학 복수전공 학위를 취득하였다. 졸업하자마자 경기 침체로 미국 전역이 취업난이 극심했던 상황 속에서 아들은 기특하게도 세계 유수의 컨설팅 회사인 Ernst&Young에 입사하였다.

그도 그럴 것이 전 세계가 얼마나 취업난이 심했던지 우수한 컬럼비아대학교 졸업식장에 졸업생들이 "GIVE ME JOB"이라는 피켓을 들고 나왔으니 짐작이 되었다. 유수의 명문대를 나온 미국인들도 취업이 어려운 때, 대견스럽게도 대학 다닐 때 유학생 회장으로 활동한 것과 여러 차례 인턴 경험(KOSDAQ, HSBC Bank, Arthur Anderson)으로 좋은 평가를 받아 치열한 경쟁을 뚫고 스스로 일자리를 구한 것이다. 아들은 겸손하게도 단지 남보다 운이 좋았을 뿐이란다.

후에 CITI Bank로 옮겨 컬럼비아에서 석사학위를 받고 좋은 반려자를 만나 결혼도 했다. 지금은 중국 칭화대 MBA과정에서 아시아를 중심으로 연구하고자 혼자서 숙식을 해결하며 베이징에 머물고 있다.

종환, 경후 가족 상견례 후에

무엇보다도 아름다운 것이 사람의 인연(만남) 아닐까.
높고 낮음이 있는데도 사랑으로 하나 된 두 가족이
새로운 세상을 펼칠 수 있다니….
하느님께서 천지를 창조하실 때 낮과 밤을 구분하시고
산과 바다 그리고 꽃과 나무들을 만들고,
마지막 날 인간을 만드셨다는데
너희 만남은 하느님이 만드셨구나.
너희가 샘물이 솟는 넓고 푸른 초원에서 뛰놀 수 있도록
그리고 이 세상에 행복을 가득 채워 갈 수 있도록 보살펴 주리라.
맑은 하늘 아래 꽃향기 가득한 정원에서의 만남을 기억하며
영원한 인생의 삶을 약속한 너희 둘의 사랑이
영원히 빛나도록 기도하겠다.
참으로 아름다운 세상을 만들어 가는 소중한 인연이어라.

2008년 4월 27일
Bel air hotel 정원에서 양가의 만남을 축하하며 아빠가

해외에서 30년 넘게 살면서도 한국어도 잘하고 외국어도 능통한 세계 속의 자랑스러운 한국인으로 성장한 아이들을 보면 외롭고 힘든 외국 생활에서 얻은 특권이 아닌가 한다. 아이들은 우리 부부의 자랑일 뿐 아니라 지인들 모두 자녀교육을 잘 시켰다며 부러움을 갖고 비결을 묻곤 한다. 특별한 방법이나 기술이 있는 것은 아니고 다만 정성을 다하고 환경을 만들어 준 것, 일찍 자식들의 소질과 특성을 파악하여 그 길로 인도해 준 것, 이외에는 부모를 잘 따르고 스스로 열심히 공부한 착한 아이들의 몫이었다는 답을 드릴 뿐이다.

친친자자(親親子子)라고 하지 않았던가….

자녀교육은 인의예지(仁義禮智)의 기본을 가르치고 부모의 정성이 전부라 생각한다.

제1부 삶의 광장

모국어는 경쟁력이다

우리 세 아이는 모두 해외에서 태어난 것이나 다름없다. 큰아이는 한 살 때 홍콩에 왔고, 둘째와 셋째는 홍콩에서 태어났다. 그러니까 어릴 때부터 언어에 대한 어려움과 기회가 동시에 있었다고 할 수 있다.

유아시절(2~6세) 집에서는 한국어만 하고 밖에서는 광동어(Cantonese)를 듣고 자랐으며, 싱가포르에 와서는 유치원에서 영어와 중국어(Mandarin)를, 집에서는 한국어를 쓰게 하니 어린 나이에 혼돈을 겪을 수밖에 없었다. 특히 현지 초등학교에 입학하고 난 후에는 학교 성적에 반영되어 영어, 중국어가 우수하지 않으면 상급학교에 진학하는 데 어려움이 있기에 할 수 없이 영어, 중국어는 개인지도(주 2회)를 시키지 않으면 안 되었다.

이런 상황이 계속 되니 한글교육 시간이 많지 않아 한참 언어 생성기에 있는 아이들을 가르치지 못해 나는 조바심이 들기도 했었다. 우리 부부는 한글교육이 아이들의 정체성과 관련하여 매우 중요하다고 생각했고, 모국어를 잘 하지 못하면 외국어를 잘 한다 해도 한국인으로 잘 살 수 없을 것 같아 유아기부터 모국어 교육에 신경을 많이 썼다.

앞에서 언급한 바와 같이 한글을 배우고 한국 문화를 익히기 위해 방학 때마다 매년 두 차례 모국 방문을 하게 한 것은 한국인의 정체성을 지켜 나가기 위해서는 무엇보다 한글 습득이 중요했기 때문이다. 현지 학교 학기 중에는 아무래도 외국어 습득에 시간을 투자하게 되어 방학 동안만이라도 우리말을 듣고, 말하고, 읽고, 쓸 수 있는 기회를 주어야겠다는 생각이 확고했다.

하지만 두 마리 토끼를 한꺼번에 잡을 수는 없는 법이다. 방학 때마다 한국에서 시간을 보내다 보니 거꾸로 싱가포르 공부가 잘 되지 않아 방학 후 한동안 아이들이 이곳 공부를 따라잡기 위해 곤혹을 치르기도 했다. 그래도 매년 모국 방문을 계속한 것은 지금 생각해도 대단한 고집이었다고 생각한다.

큰아이는 대학을 한국으로 보내기로 작정하고 한국 중·고등학교 청강생으로 수업을 받게 했다. 한글을 익히기 위해 초등학생 때는 세 아이 모두 매일 성경 읽기 등을 게을리 하지 않았고, 특히 가장 중요한 한글공부는 당시 우리 한인사회가 매주 토요일에 운영하는 한글학교에 보낸 것이다. 토요일 하루였지만 국어, 산수, 사회 등 우리 교과과정에 따른 과목을 한국어로 가르치기 때문에 해외에서 자녀교육을 해야 하는 한인들에게는 더할 수 없이 소중한 기회여서 세

아이 모두 주말 한글학교에 보내는 일을 게을리 할 수 없었다.

그래서 금요일이면 한글학교 숙제와 다음날 배울 것 예습도 해야 하니 초저녁부터 자정까지 장터보다 더 시끌시끌하던 광경이 지금도 눈에 선하다.

그렇게 해서 토요학교에 보내는 것만으로 끝나는 것이 아니었다. 방과 후 시험지를 받아 오거나 받아쓰기 공책을 보면 성적이 엉망이었다. 우리도 속상하지만 아이들도 실망을 많이 하는 눈치였다. 큰아이는 속상한 마음에 눈물을 보이기도 했다. 그도 그런 것이 현지 학교에서 늘 우등생이던 아이들이 토요학교만 가면 바보가 된 것 같다며 세 아이 모두 가지 않겠다고 떼를 썼다. 그때마다 달래어 학교에 보내는 것이 보통 일이 아니었다. 학교가 좁고 선생님이 부족하다 보니 서울에서 온 지 얼마 되지 않은 아이들과 함께 공부하면 아무래도 차이가 날 수밖에 없었다.

아이들이 자존심 상해 하는 모습을 볼 때에는 토요학교에 계속 보내야 할지 망설여지기도 했다. 그래도 매주 아이들을 설득해서 토요학교에 보냈으니 금요일은 전쟁터일 수밖에 없었다. 사실 이런 문제로 토요학교에 다니던 동포 자녀들의 반 이상이 중도에 포기하였다. 어쨌든 아이들과 싸우면서 한글학교에 보낸 덕분으로 한글공부는 저축하듯이 실력이 쌓여 성인이 되어 한국에서 생활하는 데 아무 문제가 없었다.

큰아이는 고등학교 여름방학 때 연세대학교 어학당을 수료하였고 수료식에서 최우수상을 받으니 자신감도 생겼다. 한글이 친숙하게 되어 결국 연세대학교 신문방송학과에 입학하여 본인이 원하는 뉴스 앵커로 일하게 되었다. 아내가 큰아이를 집중적으로 가르치다 보니 둘째와 셋째는 내 몫이 되어 금요일 오후는 모든 일을 제쳐놓고 일찍 귀가하여 한글을 지도하였다. 읽기를 시키면 답답하고 속이 상하여 머리를 자주 쥐어박아 아이들이 금요일 밤은 지옥 같았다고 지금도 이야기한다.

그래도 토요학교를 마치고 오면 스트레스를 풀어 줄 겸 East Coast Park, Changi Seaside 등으로 소풍을 다니곤 하여 그 다음주에 또다시 토요학교에 보내 한글공부를 계속할 수 있었다.

둘째와 셋째는 1994년 12월 미국 사립 중·고등학교 입학 허가증을 받고 1995년 9월 입학 일정으로 싱가포르 현지 중학교를 마치고 한글공부를 위해 서울 종로5가(옛 서울대학교 문리대 교정)에 있는 국제교육진흥원에 입학 신청을 하였다. 토요학교에 다니는 것을 힘들어하던 아이들인지라 미국에 가는데 미국 학교에 필요한 공부를 해야지 왜 또 한글공부를 해야 되는지 불만이 많은 눈치였다. 미국에서 공부하게 되면 앞으로 한글공부를 할 기회가 없을 것 같아 국제교육진흥원에서 공부하는 이유를 충분히 설명했지만 어린 아이들은 이해하기 힘들어서였는지 선뜻 따라주지 않았다.

게다가 국제교육진흥원에서는 고등학교를 수료한 학생이거나 대학교 재학생을 대상으로 가르치기 때문에 나이가 어린 우리 아이들은 입학 대상이 아니라며 처음에는 거절당했다. 자초지종을 얘기하고 사정을 했더니 원래 6~12개월 과정을 4개월 과정으로 조정하여 입학 허가를 해 주있다. 국제교육진흥원은 동포 자녀들을 대상으로 한국어로 강의하여 서울에 있는 대학교에 입학할 수 있게 돕는 기관이다. 학비는 국가 부담이고 기숙사는 저렴하게 본인 부담으로 되어 있는데, 재일교포들이 모금하여 마련한 현대식 기숙사가 있었다. 주로 재일, 재미, 재중 동포들이고 재학생이 약 300명 정도였지만 늘 정원보다 신청자가 많아 대기 명단에 올려 입학을 기다려야 할 만큼 인기가 있었다.

그렇게 어렵사리 입학 허가를 받게 되어 얼마나 기쁜지 주님께 감사기도를 드렸다. 서울에서 등하교를 하면서 지리 공부를 시키는 것이 좋을 것 같아 강남 방배동에 아파트를 얻어 2호선 전철을 타고 다니게 했는데, 처음에는 힘들어하더니 곧 익숙해져 6시간 수업이 끝나면 서울 거리를 자유롭게 다니며 즐거운 시간을 보내 지금도 그때 추억들을 이야기하곤 한다.

국제교육진흥원에서 제일 어린 꼬마들이다 보니 재학생 언니, 오빠들이 처음에는 이상하게 여기기도 했지만 영어, 중국어, 한국어를 모두 능숙하게 하는 아이들이 재미·재중 학생들간의 통역을 도와주면서 귀여움을 독차지하게 되었다. 전쟁 같은 토요학교와 비교할 때 국제교육진흥원에서는 나이 많은 학생들에게 도움을 주는 위치에서 인기 있는 학생이 되자 한글공부도 신명나게 하여 4개월(4~7월)의 짧은 과정이었지만 실력도 쑥쑥 늘었다.

1995년 8월이 되자 미국 중학교 개학이 얼마 남지 않아 미국으로 가게 되었는데 이때의 한글교육으로 둘째, 셋째는 한국어 기초가 튼튼해져 미국에서 한글로 편지를 보내 오곤 하여 우리 부부를 흐뭇하게 했다. 이후에도 미국에서 계속 학업을 이어갔지만 둘째는 고3 여름방학 때 서울대학교 어학당에 다니면서 한국어 공부를 했고, 셋째는 대학 1학년 때 연세대학교 어학당에 보내 한국어 수업을 받게 했다.

보스턴 Milton Academy 교정에서

    그뿐이겠는가. 대학생이 되고 난 후에도 정부에서 여름방학 동안 국토순례, 산업시찰 등 동포 대학생들을 초청하여 국내 대학생들과 함께 조국의 발전상을 알리는 프로그램이 있었는데 이런 기회를 놓치지 않고 매년 세 아이에게 참여하게 했다. 포항제철, 삼성전자, 설악산, 경주 등 일주일 과정을 마치고 돌아오면 한국에 관한 지식과 지혜를 터득하고 국내외의 다양한 친구들을 많이 사귈 수 있는 소중한 시간들이었다. 국가가 해외동포 자녀들에게 조국을 이해시키는 좋은 프로그램을 만들어 조국과 끈을 이어가도록 앞으로도 계속 되었으면 하는 바람을 가지고 있다.

    결론적으로, 언어는 사용하지 않으면 퇴보하기 때문에 한국어 학습은 꾸준히 해야 하고, 모국어이기 때문에 게을리 해서는 안 되는 필수불가결의 대상이다. 부모가 모국어 학습을 위해 다양한 정보를 찾고, 기회를 만들어 지원하지 않으면 사용하지 않는 언어는 자연 도태될 수밖에 없으므로 시간이 날 때마다 독려하였다. 영어, 중국어를 사용하는 싱가포르에서 2개 언어를 배우는 것만으로도 큰 스트레스였을 텐데 한국어까지 공부해야 하는 어린 아이들이 안쓰럽기도 했지만, 모국어를 자유롭게 구사하는 것이야말로 훗날 아이들의 장래에 큰 도움이 될 것이라는 믿음이 있었기에 한국어 교육을 지속했다.

해외에서 대부분의 시간을 보냈음에도 한국어를 유창하게 하고 편지를 보낼 때에도 꼭 한국어로 보내는 걸 보면 "우리 아이들이 정말 한국사람이구나" 싶어서 국적 있는 교육을 해냈다는 자부심과 "부모 노릇은 다 했구나" 하는 안도감이 든다. 그럼에도 불구하고 그때 좀 더 열심히 한국 문학을 읽히지 못한 아쉬운 마음도 있지만, 한국에서 살고 있는 둘째와 곧 한국에서 근무하게 될 셋째를 생각하면 어려운 상황 속에서도 한국어 공부를 열심히 시킨 것에 대한 보람과 긍지로 행복하다.

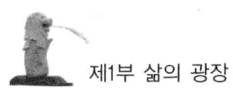
제1부 삶의 광장

삶의 윤활유, 나의 취미생활

나는 부모님으로부터 건강을 타고난 것 같다. 아버지 스물둘, 어머니 열여덟 살에 결혼하여 날 낳으셨으니 건강하게 태어날 수밖에 없었을 것이다. 그리고 공무원이신 아버지의 영향으로 아침 일찍 일어나고 저녁 일찍 자는 바른생활 어린이로 자랐다.

또한 고등학교에서는 학교 대표 농구선수로 활약하였다. 도민 체육대회에서 동메달을 딸 정도의 실력 있는 학교를 대표하는 선수였으니, 이것은 자랑이라기보다는 꾸준히 운동을 하여 체력을 단련해 왔다는 뜻이다.

학교를 졸업하고 회사에 입사했을 때 우리나라에 테니스 붐이 일었었다. 회사에 테니스장이 있기도 했지만 체력을 단련하지 않으면 안 된다는 생각을 해 왔기 때문에 열심히 테니스를 했다. 또 회사 내에

축구회가 있어 회사 대항 축구시합에도 대표로 나가 뛴 기억이 난다.

골프는 주재원으로 발령받아 홍콩에서 근무할 때 해외영업을 하는 데 도움이 될 것 같아 1978년 아이언 5번(LINX)을 구입하였다. 일주일에 세 번 퇴근 후에 홍콩 남화 골프연습장(홍콩의 유일한 골프연습장)에 가서 코치도 없이 하루에 100개 정도 볼을 쳤다. 그리고 6개월쯤 되었을 때 홍콩의 유일한 골프장인 Hong Kong Royal Golf Club에 가서 처음 18홀 라운드를 하였는데, 셀 수 없을 만큼 많이 친 것으로 기억된다. 그 후 분기에 한 번 정도 라운딩을 하였지만 초보자 수준을 벗어나지 못하고 헤매기도 했다.

1978년 홍콩 프로축구단에 한국선수(변호영 씨 외)들이 활약하고 있었다. 자연스럽게 축구 붐으로 이어져 한인축구단이 발족되어 홍콩 단체와 종종 친선경기를 가졌다. 그때 나는 교민 대표로 공격진에 포함되어 열심히 활약했다.

그때 일주일에 두 번 모여 연습을 하면서 체력을 단련했는데 마침 딸만 둘을 낳고 집에서 아들을 기다리던 차에 1980년 8월에 아들이 태어나 다들 축구를 해서 아들을 낳았다고 좋아하던 생각이 난다. 특히 총영사관에 참사로 계시면서 축구단장을 맡았던 안세훈 씨(후에 캐나다, 호주대사 역임)가 더 좋아해 주었다. 그래서인지 아들도 학교 대표를 할 정도로 축구를 좋아했다.

홍콩은 국토가 좁아서 그런지 경기력은 뛰어나지 않지만 프로축구단이 있어 축구시합이 있는 날이면 국립 축구경기장이 있는 해피밸리는 차가 막혀 사람들이 외출을 삼갈 정도였다. 어쨌든 나도 홍콩 국립 축구경기장 정규코스에서 홍콩 이민국팀과 경기를 한 경험이 있다. 오른쪽 공격수로 활약한 기억이 생생하고, 그때의 사진첩을 보면 지금도 어깨가 들썩여지는 멋진 추억을 쌓았다.

 1982년 싱가포르로 부임하면서 시작한 골프와 걷기운동도 빼놓을 수가 없다. 날씨가 일년 내내 무덥고 눅눅하여 수시로 축 늘어지는 느낌이 들어 시간이 날 때마다 걷기를 하였다. 골프는 바이어들과 주로 주중에 치고 주말에는 교포들과 정기적으로 모임을 가졌는데, 당시 1980년대 중반에는 국민소득이 2만 불 정도에 불과하여 싱가포르 사람들이 골프를 많이 치지 않았다. 덕분에 골프장은 항상 여유가 있었으며 골퍼들은 한국인과 일본인이 대부분이었다.

 싱가포르는 80년대에 골프장(9홀까지 합쳐)이 여덟 곳 정도 있었다. 그런데 1990년 국민소득이 3만 불이 넘고 생활에 여유가 생기자 여가 문화가 형성되면서 TMCC, LAGUNA, RAFFLES, ORCHID, MARINA BAY, SAFRA 등 18홀 규모의 골프코스가 20여 개나 들어섰다. 또한 현지인 골퍼들이 기하급수적으로 증가하여 예약을 하지 않으면 골프를 칠 수 없을 정도가 되었다.

 나는 3~4개 클럽의 회원권을 구입하여 일주일에 두 번 정기적으로 라운딩을 하였는데 80년대 18, 90년대 16, 90년 중반 12 핸디캡이 되었고, 싱글은 1992년에 처음 치고 이글은 10번 넘게 하였다. 홀인원도 1994년 5월 25일 싱가포르 Laguna National CC에서, 2006년 9월 3일 Seoul Lake Side 동 코스 8번에서 기록하였는데 정말 기적같이 만들어져 골퍼들의 속설대로 그 해에는 엄청 좋은 일이 많이 있었던 것 같다.

 골프로 인해 많은 친구를 사귀고, 사업 파트너들을 만들고 신체도 단련하였으니 일석삼조(一石三鳥)라고 할까.

Old Course Experience-St Andrews 2011

    골프는 인생행로와 같다고 했다. 젊고 힘이 있을 때는 친구들이 나보고 무식하게 거리를 낸다고 놀리기도 했지만 실수가 많아 점수는 좋지 않았다. 오십 중반에 들어서면서 잔기술이 늘고 점수가 안정되어 재미를 느꼈는데, 사실 육십이 되면서 70대 스코어를 자주 치게 되었다. 힘이 없고 허리가 잘 돌지 않아 거리가 줄면서 구력으로 노련해지고 욕심을 내지 않으니 경기력은 더 좋아진 것 같다. 요즘도 80대 스코어를 꾸준히 유지하고 있다.

    집사람도 아이들을 한국과 미국에 유학 보내고 1995년부터 골프를 치기 시작하였는데, 집안일과 아이들 일이 항상 우선이고 골프는 그 다음인데도 꽤 즐기는 편이다. 아들과 며느리도 골프를 배우게 했으니 늘그막에 파트너가 없을 때 가족끼리 칠 수 있어 최상의 동반자를 만들어 놓은 셈이다.

 그러고 보니 골퍼치고 나는 행운아인 셈이다. 싱가포르는 일년 내내 여름인지라 일주일에 두 번 정도 매주 골프를 즐길 수 있고, 파트너가 있어 외롭지 않다. 또 골프 비용이 별로 들지 않으니 살림살이 축내지 않고 건강을 튼튼하게 도모할 수 있으니 이런 행운이 또 어디 있을까?

GOLF에 관한 한마디

 골프는 이래저래 시간과 관계가 많다.
 골프에서는 규칙에 따라 스타트 시간에 늦은 사람은 무조건 실격이다. 교통 지체나 악천후, 길을 잃었다는 등 어떠한 이유도 변명이 되지 않는다. 정해진 시간이 없는 자는 골퍼도 아니고 신사도 아니므로 즉각 플레이 권한을 박탈당하는 것은 오랜 불문율이므로 시간관념이 희박한 사람은 골프를 할 자격이 없다.
 골프는 유일하게 심판이 없는 스포츠이지만 대신 500여 개나 되는 규율이 있고 수백 가지의 에티켓이 있으므로 스스로 심판이 되어 자기가 자기를 심판한다.
 축구는 팀워크와 스타 플레이를 가르쳐 주고 농구나 럭비는 강인한 체력과 정신력을 길러 주지만, 골프는 자율적으로 에디켓과 룰을 지켜야 하니 자기자신과의 싸움이다.
 골프는 정신력 30%, 체력 30%, 기술 및 전략 40%라고 하며 이것이 삼위일체가 될 때 싱글핸디가 나올 수 있다. 물론 그 반대도 되겠고. 또 골프는 Green, Sun shine, Oxygen, Freedom이라고 하는 또 다른 운동의 즐거움이 있지만, 다음 몇 가지를 꼭 실천할 때 즐거움은 말로 다 할 수 없다.

첫째, 예의를 지킴(Etiquette) 골프를 즐기려면 예법부터 배워야 한다. 말조심, 서는 자리, 앞서가고, 뒤서는 것, 실례가 많아지면 친구들이 멀어진다. 나를 슬프게 하는 것 중 한 가지이다.

둘째, 치는 법을 배움(Learning) 골프를 치려거든 치는 법을 배우고 팔과 어깨, 목에서 힘을 쭈욱 뽑고 백스윙은 천천히 공에서 눈을 떼지 말고 고개를 들지 말고 외아들에게 정성 쏟듯 하얀 공에 정성을 들여 다운스윙도 천천히 슬쩍 찰싹 하고 내려치는 느낌이다.

셋째, 실패를 극복(Overcome) 골프를 치다보면 청개구리 공이란 놈, 곰배팔이 팽이 친 듯 좌측으로 우측으로, 오줌 맞은 두꺼비가 웅덩이로 뛰어들 듯, 새총 맞은 토끼 숲속으로 도망가듯, '군자'지 대로행이요 '공'자지 페어웨이인데 이것들이 모두 병가지상사 아니겠소. 낙담일랑 하지 마소. 친구들도 다 그렇다오.

넷째, 과욕은 금물(Covet) 핸디를 줄이려면 서두르지 마시게. 열여덟 번의 기회가 있고 일흔두 번의 기대가 있네. 한 번 실수 두 번 실수 누구라고 아니하나. 전 홀에서 잃은 것을 지금 당장 찾으려고 욕심을 내어서는 공이 알고 먼저 도망가니 실수한 것 잊어버리고 새 희망을 기대하게.

다섯째, 운영의 묘(Management)　골프를 잘 치려면 나온 거리 남은 거리 수학문제 풀어가듯 계산부터 하신 후에 풀 길이가 길었는가, 장애물은 어디 있나, 그린 위에 팔락이는 핀을 슬쩍 노려 본 후 분수에 맞는 채를 꺼내 깊은 한숨 한 번 쉬고 마음부터 비운 후에 투-욱 하고 내려치면 공이란 놈 날아가서 그린 위에 꽂힌다네.

　　여섯째, 정직함(Honesty)　골프를 즐기려면 이 세상 무엇보다 '정직'보다 중요한 것 그 어디에 있을쏘냐? 풀섶에 숨은 공을 발로 차서 꺼내 놓을까? 아무도 안 보니까 공을 한 개 놓고 칠까? 모든 유혹 떨쳐 버려 있는 그대로 올려 보세. 자기 것을 계산하고 내가 나를 감독하고 백에라도 단 한 번 자기 양심을 속일 때 공이란 놈 먼저 알고 숲 속으로 도망가네.

　　일곱째, 운(Luck)　골프를 잘 치려면 운도 또한 기다리게. 모사는 재인이요 성사는 재천이라, 그대가 할 수 있는 최선을 다한 후에 과욕은 극복하고 마음만 차분하면 팔, 다리, 머리, 허리, 오장육부 조화 이뤄 기적 같은 동작들이 이따금 나타나서 날아가는 새도 잡고 홀인원은 못할쏘냐?

　　여덟째, 건강(Health)　이렇게 하여 열여덟 홀 한 바퀴 돌고 나면 몸에서는 싱그러운 풀냄새가 향기롭고 푸른 하늘 닮은 마음 한량없이 상쾌하네. 엔돌핀은 축적되고 백혈구도 많아지고, 혈액순환 순조로워 혈압도 뚝 떨어져 허리뼈가 시큰시큰, 어젯밤에 아픈 증세 목욕 한 번 하고 난 후 씻은 듯이 없어졌네.

아홉째, 가정(Home) 하루 종일 나 혼자서 좋은 시간 가진 동안 사랑하는 우리 아내 골프과부 만들었네. 당신도 골프 배워 우리 함께 건강하여 검은 머리 파뿌리 되어 한 백년을 살아보세. 천사 같은 마누라와 토끼 같은 우리 아이들 저녁 밥상 차려놓고 아빠 오길 기다리네.

나에게는 또 한 가지 골프 이상으로 좋아하는 취미가 있다.

싱가포르의 이른 아침기온은 25~26도로 유지되기 때문에 운동을 하기에 안성맞춤이다. 바쁠 때는 아파트 주변에 있는 Botanic Garden 한두 바퀴를, 시간이 있으면 Lower Peirce Reservoir로 가서 큰 호수 꽃길(2.5km)을 걷고, 토요일과 일요일은 MacRitchie Reservoir 오솔길 6km를 아내와 같이 거의 20년째 걷고 있다.

이기수 총장 부부와 보타닉 가든에서

시간이 없을 때 짧게 걷는 Botanic Garden에는 백 년 이상 된 갖가지 나무들이 하늘을 찌를 듯이 우거져 있고, 여기저기 꽃이 피어 있는 Orchid Garden, Ginger Garden, Secret Garden을 비롯하여 호숫가에서 평화롭게 노니는 백조들과 물속에서 헤엄치는 여러 색깔의 잉어들을 보고 있노라면 이곳이 바로 무릉도원이 아닐까 싶다.

집에서 6시 30분에 출발하여 차로 15분 정도 가면 Lower Peirce Reservoir와 MacRitchie가 가까이 있어 동이 트면서 맑은 공기와 새들이 지저귀는 자연의 소리를 듣는다. Lower Peirce Reservoir는 꽃 둑길과 숲으로 된 트레킹 코스가 있는데, 오후 6시 반쯤 둑길을 걸으면 호수 위로 떠 있는 저녁노을과 석양이 어우러져 환상적인 색의 조화를 볼 수 있다. 이 광경은 싱가포르에 10경(京)이 있다면 넣고 싶을 만큼 아름답다.

MacRitchie Reservoir 오솔길에는 나지막한 고갯길이 여럿 있다. 숲은 하늘이 보이지 않을 정도로 우거진 나무들로 가득 찬데 숲 깊숙이 들어가면 풀벌레, 매미소리와 새소리가 함께 어우러져 나는 화음은 자연 교향곡을 듣는 것 같아 마음이 안정된다. 이따금 원숭이 떼가 지나가면서 재롱을 떠는 광경은 이곳만이 가지고 있는 지상 최고 낙원의 조건이 아닌가 싶다. 거기에서 내뿜는 산소와 피톤치드를 마시며 걸을 때면 천국에서의 산책 같은 느낌이 든다.

특히 2011년 2월 큰 수술을 하고 난 후 많이 걸어야 된다는 의사의 당부에 거의 매일 3~6km를 걷고 있다. 혈압도 정상으로 바뀌고 건강도 좋아졌다. 근처에 있는 클럽에서 샤워와 아침을 해결하고 회사에 출근하면 모든 일이 다 잘 될 것 같은 가벼움에 상쾌하게 하루를 시작하게 된다.

제1부 삶의 광장

건강은 과신하는 것이 아니다

●　●
●

건강은 타고났다고 생각한다. 아직까지 안경 없이 신문을 보고 치아는 약간의 치료만으로 본래 것을 사용하고 있으니 이것이야말로 부모님으로부터 받은 큰 선물이다. 태어나서 지금까지 보약을 먹어 보지도 않았고, 크게 아파 본 적도 없었으며, 일반 치료약을 먹어 본 적도 거의 없다.

학창시절에는 일 년에 딱 한 번 여름방학 때쯤 연중행사라도 하는 것처럼 하루 이틀 몸살을 앓은 적은 있지만, 그것도 푹 쉬고 나면 언제 그랬냐는 듯이 바로 자리를 털고 일어났었다. 어른이 되고 나서는 앓아누울 시간도 여유도 없었는지 아파 본 적이 없고, 평소 낮에도 등을 방바닥에 붙이지 않을 정도로 강건하다고 생각해 온 데는 다음과 같은 이유에서다.

- 하루 7시간 내지 8시간 잠을 잔다.
- 삼시 세끼를 걸러 본 적이 없다.
- 야채 위주로 식사한다(고기를 별로 좋아하지 않는다).
- 과일을 꼭 챙겨먹는다.
- 운동(걷기, 골프)을 매일 한다.

특히 좋은 식습관을 가지게 된 것은 어릴 때는 어머니께서, 결혼해서는 아내가 꼬박꼬박 챙겨 주어 된장국과 밥만 있으면 될 정도로 잘 먹는다. 생각해 보니 우리 형제들이나 나의 아들 딸들이 건강한 것은 밥을 잘 챙겨 주고 잘 먹은 때문이리라.

사실 술은 별로 좋아하지 않고 담배도 50대 중반에 끊어 버렸다. 변도 하루 한 번 아침에 일어나면 보고, 혈압과 맥박도 정상이고 몸무게도 키에 비하여 3~4kg 많다고는 하나 비만하지 않고, 중년의 상징이라는 묵직한 아랫배도 나오지 않았다. 그래서인지 잔병이 없고 평소 건강만큼은 자신 있어 주위사람들에게 제법 큰소리를 치고 다녔다.

그리고 1993년, 2005년 싱가포르 종합병원에서 건강검진을 했더니 앞으로 5년 안에 이상이 없으면 병원에 오지 않아도 된다는 의사 선생님의 의견도 있고 하여 더욱더 건강에 자신이 있었다. 그래도 서울에 출장을 가면 일 년에 두 번 정도 주치의를 찾아가 간단한 검진을 받았다. 그때마다 이상이 없다고 하여 건강에는 자신감을 가지고 열심히 사업에 전념하였다.

2009년 CJ그룹 글로벌 경영고문으로 근무하게 되면서 일 년에 한 번은 임원 정기검진을 받고 있는데 2009년, 2010년 검진에서도 별다른 이상이 없어 친구들 사이에서 건강 얘기만 나오면 나처럼 관리

하라고 큰소리를 치곤 했다.

그리고 2011년 음력설 고향 방문길에 정기검진을 신청하고 서울에 도착하여 서울대병원에서 검진일자(2011년 2월 6일)를 받고, 검진 전에 지켜야 할 주의사항과 함께 위·장 내시경 검사에 필요한 약을 받았다. 지난 몇 년간 위·장 검사는 필요없다고 우겨서 받지 않았는데 금년에는 아내가 나이도 있고 하니 받아야 한다고 권유하여 검사 전날 액체 4L 정도를 세 시간 만에 다 마시고 위와 장을 비운 후 다음날 진료소로 갔다.

수면내시경으로 생전 처음 위·장 검사를 받고 나오면서 담당 간호사에게 "깨끗하지요?" 하고 다소 자신만만하게 물었다. 간호사는 장에 궤양이 보여 조직을 떼어 냈는데 이상이 있으면 2~3일 내로 연락이 갈 것이고 이상이 없으면 2주 후에 결과를 보내 줄 것이라고 하였다.

검진을 받고 3일 후인 2월 9일 싱가포르로 돌아갈 날이 되어 짐을 챙겨 집을 나서려고 하는데 전화벨이 울렸다. 서울대병원 검진담당 교수라고 하면서 대장내시경에서 암세포가 발견되었으니 빠른 시일 내에 재검진을 받는 것이 좋겠다고 하였다. 그 말을 듣는 순간 갑자기 열이 나는 것 같고 몹시 당황스러웠다. 내가 왜 암에 걸렸는지 믿기지도 않고 믿을 수가 없어 10여 분간 멍한 채 서 있었다.

옆에 있는 아내에게는 얘기해야 할 것 같아 방금 전해들은 얘기를 했더니 크게 놀라며 어쩔 줄을 몰라 했다. 나는 곧 냉정을 되찾고 아내에게 나이도 있고 자식들도 잘 자라 결혼도 다 시키고 손주까지 보았으니 내 할 일은 어느 정도 마친 셈이니 크게 걱정하지 말라고 위로를 하고, 인명은 재천이라 했으니 검진을 다시 받아 보자고 말하였다.

서울의대 교수로 있는 대장암의 권위자인 박재갑 교수에게 특별히 부탁하여 그날 오후 5시 병원에 가서 다시 검진을 받았다. 항문 가까이 있는 것 같으니 MRI 검사와 내시경 검사를 한 번 더 해 보자는 권유에 2월 12일 곧바로 입원을 했다. 그때 마침 친한 친구 정인식 박사가 강남성모병원에 대장 관련 명의(名醫)로 근무하고 있었는데 소식을 전해 듣고 서울대병원으로 찾아와, 직장암이라면 항문을 폐쇄할 수도 있는데 항문을 없애면 좋아하는 골프도 할 수 없을 뿐더러 여러 가지로 불편하니 항문을 꼭 보존하라는 조언을 해 주었다.

곧바로 MRI 결과가 나왔다. 다행히 직장암 초기로 부위는 항문에서 9cm 정도 떨어져 있어 항문을 폐쇄하지 않아도 된다는 진단과 함께 내시경 수술을 해도 되지만 개복수술을 하는 것이 확실할 것 같다고 했다. 그리고 2월 17일 아침 8시 수술을 하기로 했다. 수술하기까지 5일 정도 입원을 하고 있는데, 그 불안함과 초조함이란 글로 표현할 수 없을 정도였다. 다행히 방사능치료는 하지 않아도 될 것 같다는 위로의 말을 듣기는 하였으나 평생 경험해 보지 못한 이상야릇한 기분은 오히려 마음을 가라앉게 해 주었고, 수술하기 전 입원해 있는 며칠 동안은 자연스럽게 나의 과거와 현재, 미래를 생각하는 시간들이었다.

2월 17일 아침, 수술 대기실에서 기다리고 있는데 문 밖에서 아내와 딸, 손주가 손을 흔들어 주어 위안이 되기는 했으나, 평소 약도 잘 먹지 않았고 병원 출입도 없어서 수술이라는 그 자체가 불안하기 짝이 없었다. 막상 수술 시간이 다가오자 나도 모르게 주기도문을 반복해서 외우게 되었다. 마음이 한결 편해지는 것 같았다. 수술을 마치고 나오니 아까 들어갈 때 본 얼굴들이 문 밖에 서 있어 아픈 것도 잊고 안도의 숨을 크게 내쉬었다.

2월 엄동설한이라 열대 체질로 바뀌어 있는 내게 추운 날씨는 수술보다 더 고통스러웠다. 춥고 건조하고 냉랭한 공기가 뼛속까지 스며드는 것 같아 빨리 싱가포르로 돌아가고픈 생각밖에 없었다. 경험이 없는 나는 수술 후 회복단계 중에 일어나는 몸의 변화가 신기하기도 하고 조물주의 신비에 감탄하기도 했다. 경험을 해 보지 않고는 정말 모르는 신비를 느끼니 이 모든 것이 신의 뜻이라는 것을 알게 되는 깨우침을 받았다.

며칠 후 수술 부위를 떼어내어 병리검사를 한 결과가 나왔는데 암은 초기이고 다른 곳으로 전이되지 않아 축하할 일이라고 의사가 알려 주니, 주님의 보살핌이 아니면 불가능할 일들이라는 생각이 들었다. 우선 지금까지 과신하고 자신만만하던 생각을 바꾸고 음식과 생활습관, 행동도 바꾸어야 하니 이 또한 전화위복이라는 생각이 들고, 나이가 들수록 건강한 몸관리가 필요하다는 교훈을 몸소 체험하게 되어 수술의 시련이 소중하게 여겨졌다.

또 한 가지, 이 세상 모든 사람들이 정상인으로만 살아가는 것으로 착각한 나의 생각을 바꾸어 주는 계기가 되었다. 눈에 보이지는 않지만 이런저런 사연이 있는 사람들이 함께 세상을 살아간다는 것을 실감하게 되었다. 우연히 길에서 스치는 사람들에게도 배려하고 양보하고 이해하면서 살아야 한다고 다짐해 본다.

이런 경험을 하고 나니 또 다른 한쪽 세상을 공부하게 되었다. 건강을 과신하지 말고 나이에 맞추어 검진을 해야 한다는 생활의 지혜를 얻었고, 무엇이든 자만심을 가지면 안 된다는 것을 새삼 깨닫게 되었다.

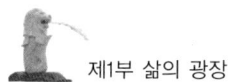 제1부 삶의 광장

아내와의 운명적인 만남

● ○
●

아내를 만나 결혼한 것은 큰 행운이었다. 처음 선을 보자마자 '이 사람이 내가 찾는 사람이구나' 라는 느낌이 들어 곧바로 결혼하자고 프러포즈를 하고 승낙을 받아냈다. 사실은 토요일 진주에서 선을 보라고 부모님께서 연락을 하셨을 때, 상대방 직업이 뭐냐고 여쭤 보니 대구에서 교사를 하고 있다고 하여 나는 마음이 썩 내키지 않았다.

고등학교 다닐 때 아버지께서, 너는 형제가 많으니 사범학교에 진학하여 교사가 되는 것이 좋겠다고 늘 말씀하시어 그때부터 선생님이라는 직업을 탐탁지 않게 생각했었다. 고급 공무원이나 사업가가 되고 싶은데 집에서 교사가 되라고 강요하니 자연스레 교사라는 직업에 대하여 좋지 않은 선입견을 가지고 있어 상대방이 교사라고 하니 더 그랬을 것이다.

'맞선'은 1976년 1월 18일 아침 10시 찻집에서 보게 되어 있었다. 그런데 상대방의 직업이 마음에 들지 않아 의식적으로 만나고 싶은 마음이 없어서, 공중목욕탕에 가서 10시쯤 집에 돌아와 30분 늦게 약속 장소에 나갔다. 양가 아버지들도 계시고 상대방도 가지 않고 기다리고 있었다.

나의 상식으로는 그 시간이면 화가 잔뜩 나서 돌아갔으리라 여겼는데 내 생각은 빗나가고 말았다. 어쩔 수 없이 의자에 앉아 상대방을 힐끔 보니 키는 적당히 크고 세련되어 보였다. 내가 늦게 온 죄가 있어 아무 말도 못하고 앉았는데, 훗날 장인이 되신 분이 너희끼리 밖에 나가서 대화를 나눠 보라고 하시며 우리를 찻집 밖까지 배웅해 주셨다. 우리는 마지못해 진주에서 경치가 좋은 진양호수 위의 호텔 찻집에서 찬찬히 대화를 나누었다. 그때 '내가 평생 같이 해야 할 사람이 이 사람이구나' 하는 확신이 생겨 그 자리에서 결혼하자고 제의해 허락을 받아냈다.

그날 내가 그곳에서 결정을 하지 않았으면 아마도 내 운명은 달라졌을 것이다. 일단 둘이 집으로 가서 결혼하겠다는 통보를 하니 두 집안 어른들의 눈이 휘둥그레지는 약간의 소동이 있었다. 우리는 오후 늦게 다시 만나 자초지종을 물어보고 과거, 현재, 미래에 대하여 심도 있게 대화를 나누었다.

다음날 신부가 근무하고 있는 대구에(서울 가는 길목에) 잠시 들러, 결혼 날짜는 처음 선을 본 후 한 달이 되는 2월 18일로 결정하고 '자녀교육'에서 언급한 결혼 전 약속을 받아냈다.

나는 서울에서 근무하고 신부는 대구에서 근무하니 자주 만날 수가 없어, 그 다음 주 서울에 올라오게 하여 총각 때 만들어 놓은 과거사를 털어놓는 일종의 양심고백을 했다.

 여자 관계부터 고등학교 때 좋아한 여자, 대학교 때 좋아한 여자, 사회에 나와서 교제한 여자 등등…. 그래야만 후에 의심이 없고 편안할 것 같아 이실직고한 것이다. 그렇게 다 툭 털어내니 마음이 한결 가벼워졌다. 사실 나는 결혼할 뻔한 여자들도 있었는데 부모님의 반대로 헤어진 적이 있었다.

 부모님의 결혼 반대 이유는 장남이니 집안을 잘 다스릴 수 있는 건강하고 화려하지 않은 여자, 다시 말하면 집안일을 잘하는 여자를 권하신 것이다. 그때는 부모님의 공통된 요구사항이 있었다. 즉 서울여자는 안 된다, 집안이 부자면 안 된다, 막내도 안 된다 등등. 그러니 나는 선택의 여지가 없었고 4년 동안 회사일만 하다가 두 번째 본 선에서 결혼을 결정지은 것이다.

 생각해 보면 정말 잘한 결정이었다. 우선 같은 고향이라 정서가 비슷하고 양쪽 집안이 가까이 있으니 서로를 잘 알아서 이해가 빨랐다. 또 나의 요구사항 중 결혼 전에 직장을 그만두라고 한 것에 미련 없이 사표를 내고 따라주었다. 그것은 그렇게 쉬운 결정이 아니었다. 부모님이 결혼 후에도 살림집을 마련할 때까지 둘이 같이 돈을 모아야 한다고 강력하게 권유하셔서 맞벌이를 해야 할 상황이었고, 멀리 떨어져 살더라도 3~4년은 견뎌야 한다고 못을 박아 놓았기 때문이다. 시집오는 신부가 시부모님의 명을 어긴다는 것이 큰 모험이었을 텐데, 아내는 내 말을 전적으로 믿고 잘 들어 주었다. 물론 이 일로 인하여 큰 노여움을 사기도 했지만.

 맞선을 본 지 한 달 만에 결혼식을 올리려니 무척 바빴다. 신랑 신부가 떨어져 있어 결혼식장, 청첩장, 자금 마련 등으로 더더욱 정신이 없었다. 결혼 자금은 부모님 신세를 지지 않기 위해 모아 둔 예금과 월급, 가불, 회사 새마을금고 융자 등을 총동원하여 신부측에 줄 예물과 선물을 준비하고, 신부측에는 우리 부모님과 형제들, 그리고 가까운 친척에게 드릴 혼수품으로 의복과 침구만 하기로 내가 부탁하였다. 대신 훗날 살림집을 마련할 때 처가에서 자금 일부를 지원받는 정도로 간소하게 치르기로 하고 결혼식을 했다. 직장 문제로 노여움이 가시지도 않았는데 결혼 혼수까지 간소하게 준비해 왔으니 시부모님의 사랑을 받을 리 만무했다.

부모님이 며느리에게 내린 첫 번째 요구사항은 내가 장남이기 때문에 친인척을 알고 집안을 잘 다스리기 위해 진주 집에서 일 년 간 시집살이를 하라는 것이었다. 아내는 그 뜻을 받들어 시집살이를 하게 되었다.

하지만 나의 입장에서는 5년간 객지생활도 그랬지만 장가를 갔는데 하숙집 생활을 한다는 것이 불편했고, 특히 대학원을 다니고 있을 때라 주경야독을 하다 보니 건강이 말이 아니었다. 그런데도 부모님의 지시를 어길 수 없어 전전긍긍하다 새 침구를 바꾸어 주기 위해 이틀 예정으로 상경한 아내를 진주에 보내지 않기로 마음먹고 저렴한 전셋집을 구하여 살림을 차리기로 결정했다. 그래서 얻은 집이 2층집 아래 문칸방인데 전세 60만 원에 방 하나와 부엌이 있는 아주 작은 집이었지만 정말 행복했다.

전세자금도 집사람 결혼지참금으로 해결했으니 나는 빈털터리였었다. 왜냐하면 결혼자금을 혼자 준비하다 보니 가불, 융자금 등으로 월급에서 일정액을 상환해야 했다. 과장 월급이 15만 원(지금 가치로 500만 원)이었는데 빌린 돈을 제외하고 나면 15,000원(현재 50만 원)

제주도 유채밭에서

정도 수령하였으니 교통비도 되지 않은 금액이었다. 그런데 결혼자금 가불 뿐만 아니라 2월 대학원 새학기 등록금 20만 원도 새마을금고에서 대출받았으니 수중에 돈이 있을 리 없었던 것이다.

서울에서 신혼생활을 시작한 지 한 달 남짓 되었을 때 월급날이 되어 월급봉투를 갖다 주니 빌린 돈을 제하고 남은 것이 15,000원에 불과했는데도 아내는 불평 한 마디 하지 않았다. 그것뿐이겠는가. 여름 보너스가 나오는 달에는 부모님이 미리 알고 상경하여 다 챙겨 가셨으니 집사람의 고통은 말할 수 없었을 것이다.

부모님은 7형제 중 장남인 나에게 교육 차원에서 의도적으로 그리 하셨을 테지만, 나는 부모님과 아내 사이에서 곤란한 적이 한두 번이 아니었다. 10년 후쯤 아내에게 그 당시 상황을 물어보니 어처구니없고 황당했노라고 웃으며 이야기할 정도로 아내는 속이 깊은 사람이다.

대학원 석사과정을 다니고 있었기 때문에 일주일에 4일은 밤늦게 수업을 마치고 돌아올 때면 집 앞 골목길에서 기다려 주기도 하고, 어느 날은 학교까지 동행하여 수업이 끝날 때까지 기다려 주는 아내가 나에게는 큰 힘이 되었다.

결혼하고 11개월 후 큰아이 세은(世恩)이가 태어났고, 회사에서는 홍콩 상사 주재원으로 발령이 났다. 가족을 데리고 부임할 수 있었지만 결혼 후 일 년 동안 부모님께 불효한 것이 송구하고 죄송스러워 아내와 상의하여 진주 집에서 8개월 정도 지내기로 결정했다. 결혼 후 부모님께서 처음 말씀하신 장남 며느리로서 알아야 할 집안 내력과 풍습, 전통, 친가일척과의 유대를 강화하는 기회를 갖기 위해 아내는 큰아이와 함께 고향으로 가고, 나는 홍콩으로 부임한 것이

1977년 6월 13일이었다.

홍콩에 부임하여 처음 6개월은 현지 파악을 하는 데만도 정신을 못 차릴 지경이어서 가족과 함께 오지 않은 것이 천만다행이었다. 1977년 당시 홍콩의 생활 언어는 영어가 아니고 광동어여서 현지 언어를 익혀야 생활필수품을 구입할 수 있는 상황이었다. 회사에서 마련해 준 아파트는 정부가 구입한 홍콩 Central District의 코리아 센터 빌딩이었는데 가구도 없고 하여 정착하는 데 시간이 필요했다. 한국의 아내는 큰아이를 데리고 시할머니, 시부모님, 동생들 5명의 식사 준비와 빨래를 해야 했고, 겨울에는 매일 10번 이상 연탄을 갈아야 하니 밤낮 눈코 뜰 새 없이 바쁘게 보냈다고 한다. 시집 살림을 도맡아 했으니 큰 고생을 한 셈이다.

8개월이 지난 1978년 2월, 아내는 큰아이를 데리고 홍콩으로 왔다. 그 후 둘째와 셋째를 홍콩에서 출산하였고, 혼자서 연년생 셋을 키우다 보니 외출도 제대로 못하였다. 어쩌다 밖에 나갈 일이 있을 때는 하나는 유모차에 태우고 둘은 손을 잡고 나갔다가 철없는 아이들이 이리저리 돌아다녀 혼비백산해서 돌아오기 일쑤였다. 그 당시 아내의 건강은 엉망이 될 수밖에 없었고, 그때 사진을 보면 30대 초반의 젊은 나이인데도 뼈만 남아 있는 지친 중년의 모습이어서 지금도 미안하기 그지없다.

1982년 싱가포르 법인장으로 발령받아 부임할 때, 집사람은 한국으로 들어가 그동안 알뜰하게 모아 둔 돈과 결혼 때 처가에서 약속한 주택 구입지금을 지원받아 서울 방배동에 단독주택(67평)을 구입했다. 집은 수리하여 전세를 주고 4개월 후 싱가포르에 돌아왔는데, 결혼하고 7년 만에 살림집을 장만한 셈이니 얼마나 뿌듯하였던지 처음에는 잠도 오지 않았다.

그렇게 싱가포르에 정착해서 살다 보니 환경도 무척 깨끗하고 집도 80평쯤 되니 쾌적하기도 하여 홍콩의 15평짜리 좁은 아파트에서 살던 때와 달리 아이들의 얼굴에 생기가 돌았다. 당시 싱가포르는 한국에서 멀리 떨어져 있는 나라로 인식되어 회사 직원이나 방문객이 많지 않아 접대도 별로 없었다. 자연 술도 덜 마시게 되어 몸도 많이 건강해졌고 본연의 임무인 판매 확장에만 신경을 쓰면 되었다. 1982년에는 서울에서 싱가포르까지 비행기로 10시간 이상 걸렸고 그것도 홍콩이나 방콕에서 4~5시간 기다렸다가 연결 편을 타야 하니 출장 한번 가는 데 애를 먹었다.

방문객도 별로 없고 아이들이 웬만큼 성장하게 되자 아내도 비로소 생활의 여유를 찾았다. 먼저 천주교 집안이었지만 결혼 후 한 번도 가지 못한 성당을 나가게 되었고, 열심히 신앙생활을 하다 보니 나는 사목회장을 하고 아내는 성모회장까지 했다. 그리고 British Council에서 영어를 배우기도 했지만 아이들이 유치원, 초등학교에서 만다린을 배워 저희끼리 어른들이 알면 곤란한 얘기를 중국어로 할 때는 당황스럽기도 하여 나와 아내는 따로 선생을 모셔서 중국어를 배우기도 했다. 물론 나는 출장과 바이어 접대 등으로 중도에 그만두었지만….

그리고 아내에게 글을 쓰는 재주가 있는지 예전에는 미처 몰랐었다. 어느 날 중앙일보 백일장에 당선되기도 하고, 한인주부백일장에서 가작으로 당선되면서 실력을 인정받았다. 그 후 몇 번 연설문 수정을 부탁했더니 글을 상황에 맞게 잘 고쳐 주었다. 아내가 이따금

시, 콩트, 수필 등을 쓰는 것을 보고 싱가포르 생활에 적응하면서 마음의 여유가 생긴 거라 짐작하여 안심이 되기도 했다.

  이런 상황을 보면서 나는 싱가포르가 꿈의 땅이란 것을 깨닫게 되었고, 이곳에서 무엇을 해도 된다는 믿음과 자신감이 생겨 모든 것이 순조로이 풀려 나갔다.

  아내는 해외에서 아이 셋을 키우는 데 정성을 다했다. 결혼 전 '선'을 볼 때 한 약속을 어기지 않고 아이들 학교 다닐 때는 한 번도 빠짐없이 등하교 때 집에서 맞이하고 챙겨 주니 고맙기 이루 말할 수 없다.

  이제 아이들이 모두 유학을 떠나고 둘만 싱가포르에 남아 있으니 시간 여유가 있어 좋지만 아내는 외로운 것 같다. 친척도 친구도 동창들도 주위에 없고 갑자기 주변이 텅 비어 우울증이 오지 않을까 은근히 걱정하였지만 신앙생활에 심취하여 잘 극복하는 것 같다. 골프도 배워 가끔 치고, 아침 저녁으로 주 2~3회 걷기를 하기도 하는데, 부부가 함께 걷는 모습을 싱가포르에서는 많이 보지 못하여 '항상 함께 해 주는 아내가 평생 동반자구나'라는 생각에 문득문득 고맙기만 하다.

  평생 드러나지 않게 37년 동안 내가 원하는 대로 말없이 내조해 주고, 굳은 뒷바라지도 싫다 하지 않고 대식구의 맏며느리 노릇까지 묵묵히 잘 해낸 아내. 나에게 천주교 신앙심까지 키워 준 아내. 그런 아내도 이제 이순(耳順)의 나이가 살짝 넘었다. 싱가포르, 서울, 뉴욕에 있는 자식들과 진주에 계시는 어르신 뒷바라지를 하고 손주들의 재롱을 받아 주는 할머니가 되어 버린 아내. 우아하고, 고상하고, 멋

주부백일장 모습

있고, 점점 사랑스러운 내 아내. 집안을 넉넉하게 늘려 주고 행복까지 만들어 주는 아내에게 그저 사랑하고 감사한 마음뿐이다.

언젠가 아내가 날 보고 지리산 골짜기에서 7남매 맏이로 태어나 공짜라고는 공기뿐인 인공의 낙원 싱가포르에 와서 아들딸 잘 키우며 30여 년 넘도록 그럭저럭 폼나게 살고 있으니 '멋진 촌놈'이란다.

이제 남은 인생 늘 급하고 힘들게 따라와 준 아내에게 한 번쯤 멋진 남편이 되고 싶다.

 제1부 삶의 광장

우연에서
필연적 인연으로

우리는 살아가면서 이런저런 일로 숱한 사람들을 만나게 되는데, 대개 만남에는 세 가지 종류가 있다. 첫째는 우연의 만남, 둘째는 선택적인 만남, 셋째는 운명적인 만남이다.

나는 우연의 만남을 필연적 인연으로 만들기를 좋아한다. 해외생활을 오래하다 보니 전 세계 사람들을 많이 만나게 되었다. 여기서 그 많은 사람을 다 언급할 수는 없고, 한국 사람과의 만남만을 소개하고자 한다.

먼저 이곳에서 30년 이상을 생활하다 보니 이제 싱가포르는 제2의 고향인 셈이다. 사업과 사회활동을 하면서 많은 사람과 인연을 맺게 되었고, 사람들을 좋아하다 보니 인연을 더욱 소중히 여기게 되었으며, 이것이 생활의 활력소가 되었다.

교포경영인회

싱가포르에서 사업뿐만 아니라 사회봉사활동을 하면서 만난 분들인데, 나와 같이 상사 주재원을 하다가 개인사업을 시작한 분들이 대부분이다. 가까이서 자주 만나 희로애락(喜怒哀樂)을 나누며 흉금을 털어놓고 서로 의논하는 아주 가까운 사이가 되었다.

그리하여 교포경영인회(1997년)라는 단체를 만들어 회원 간의 친목을 도모하고 한인사회에도 봉사하기 위해 김건식, 김기봉, 문철수, 정영수, 정준택, 정지택, 조경용, 조영선, 최동무, 최춘기 회원 등 10명이 발기인이 되었다. 부인들까지 합하면 20명인 셈이다. 한두 사람을 빼고는 그 당시 모두 10년 이상 싱가포르에서 살아온 분들로 우연히도 같은 업종이 없으니 경쟁 관계도 없어 산뜻한 출발을 할 수 있었다.

우선 한인사회 단체행사 때마다 십시일반으로 성금을 모아 한국학교, 한인회관 건립기금을 개인뿐만 아니라 단체 이름으로 기부하는 아름다운 단체가 되었다. 회원 상호간에도 생일, 자녀결혼, 학교입학, 부모님이 돌아가셨을 때 등 기쁜 일도 슬픈 일도 함께 나누는 형제 같은 사이가 되었으며, 매달 둘째 화요일로 날짜를 정하여 만나고 있다. 그렇지 않아도 일주일에 한 번은 오찬 모임이 있지만 월간 정기모임이 기다려지는 것은 그동안 지내 온 생활 비사(秘史)들을 나눌 수 있기 때문이다.

그러나 시간이 흐르면서 몇 분은 생활 터전을 뉴욕, 아프리카, 서울로 옮겨 가 전 회원이 월례 정기모임에서 만날 수 없게 되었지만, 대신 일 년에 한 번 함께 여행을 하기도 하여 15여 년을 한 해도 거르지 않고 지금도 계속 만남을 이어가고 있다.

중년에서 시작하여 장년으로 한 사람을 제외하고는 부부 모두 환갑 축하금을 받아가는 세월을 보냈으니 이 얼마나 뜻깊은 모임인가? 싱가포르에 처음 부임하고는 지·상사 분들이나 싱가포르를 방문하는 정부 관계 인사들을 만날 때마다 "우리 회원 몇 명만 모여도 싱가포르에 산 지 200년이 넘습니다"라고 인사하면 다들 놀라면서 함박웃는다. 이제는 원로 그룹이 되었는데 후배들이 충원되어 교포 경영인회가 계속 유지되고 발전되었으면 좋겠다는 것이 나의 간절한 바람이다.

구평회

내가 평화통일자문위원회 지회장을 할 때다. 일 년에 한 번 전 세계 자문위원들이 회의차 서울과 각 지역에서 번갈아 가면서 모였는데, 그때 협회 회장 및 지회장들이 국가에 봉사하고 친목을 도모하는 모임을 만들어 보자는 취지로, 제9기 평통자문회 지역 회장들로 결성한 단체가 구평회이다.

발기대회는 인도네시아 발리(1999년)에서 열렸고, 나는 3년차부터 참가하여 지금까지 빠짐없이 참석하고 있다.

독일, 호주, 미국(4), 스페인, 콜롬비아, 아르헨티나, 이탈리아, 사우디아라비아, 인도네시아(2), 싱가포르(2), 태국, 러시아, 세네갈 등 18쌍의 부부가 일 년에 한 번 전 세계를 돌아가며 10박 정도의 일정으로 여행하면서 평화통일에 관한 의견 교환을 하며 10년 넘게 친하게 지내다 보니 늘 보고 싶고 기다려지는 형제 같다. 회원 간의 기쁜 일, 슬픈 일에 멀리 떨어져 있어도 꼭 참석하며 축하와 격려를 아낌없이 나눈다.

기억나는 것은 싱가포르 한국학교 신축과 증축이 필요하여 모금 운동이 있다고 하니 2002년 천성호 회장(인도네시아)과 2009년 추은택 회장(호주)이 각각 싱달러 1만 불을 기꺼이 기부해 주셨다. 회장을 역임하신 분들이라 연세가 지긋하여 내가 젊은 축에 속하니 괜히 흐뭇해지기도 하지만, 언제나 형과 형수들을 만나는 것처럼 반가운 모임이다.

그동안 여행한 지역을 소개하면 다음과 같다.

> 유럽 : 독일, 이탈리아, 스페인, 포르투갈, 헝가리, 오스트리아, 러시아, 체코, 슬로바키아, 세르비아, 리투아니아, 라스팔마스
> 아시아 : 인도네시아, 말레이시아, 싱가포르, 베트남, 태국, 캄보디아
> 미국 : LA, 샌프란시스코, 나파, 팜스프링, 페블비치
> 남미 : 브라질, 멕시코, 우루과이, 아르헨티나, 페루
> 한국 : 전 지역
> 호주 : 시드니 등
> 러시아 : 모스크바, 상트페테르부르크

10년 넘게 지속하다 보니 회원 중 돌아가신 분도 있고 이제는 연세가 많아 여행이 불가능한 분들도 있어 2011년 회를 축소하여 No

Soup회로 다시 만들었다. 연 2회 Home&Away 방식으로 초청 방문하기로 결정하였는데, No Soup이란 부부 모두 골프를 치기 때문에 핸디캡이나 나이에 관계없이 스코어로 내기골프를 한다는 의미로 정말 재미가 쏠쏠하다.

2011년 6월에는 아일랜드와 스코틀랜드를 다녀왔는데 골프의 메카인 St Andrew Golf Club에서 골프를 치는 영광을 누리기도 했다. 세계 각지에서 이틀 걸려 오시는 분들도 있을 정도로 모두 이 모임을 소중히 여기고 있다. 50대, 60대, 70대가 모여 있기 때문에 오래오래 운동하면서 행복하게 만수무강하시길 기원한다.

단오회

수구초심(首丘初心)이라 하였던가. 근 40여 년 해외생활을 하다 보니 늘 고향이 그립다. 평소에 가깝게 지내 온 진주 중·고등학교 선후배들과 단합하여 우리가 꼭 해야 할 고향의 발전을 위해 '진주사랑 모임'을 결성하였다. 첫 모임을 진주에서 가졌고, 그날(2008년)이 단오날이라 '단오회'라고 이름을 지었다.

고향에서 사업을 하는 회원과 타지에서 사업하는 사람들이 모여 고향의 발전을 위하고 회원 상호간의 친목을 도모한다. 건강한 노후를 위하여 12명이 한 번은 고향에서, 한 번은 서울에서 번갈아 가며 분기별로 모임을 갖고 일 년에 한 빈 해외여행을 하기로 하였다. 고향 선후배라 그런지 생각이 비슷하고 정서가 같아 예의를 따지지 않더라도 질서가 있어, 격이 필요 없는 편안함에 다들 이구동성으로 따뜻한 모임이라 좋아한다.

여러 해 계속하다 보니 정이 들고 의기투합하여 꼭 고향 출신이 아니더라도 진주를 사랑하는 인격과 교양을 갖춘 건강한 남녀 모두를 회원으로 받아들이기로 하여 2011년 신입회원 3명을 더 모셔와 지금은 15명이 되었다. 모두 회장, 사장, 총장, 교장, 원장 등 '장' 자가 붙어 있어 회원 간 호칭이 보통 불편한 것이 아니어서 2012년부터 별명이나 '호(號)'로 부르기로 하였다.

그동안 기반을 다지고 우애를 돈독히 하였으니 2012년부터 고향을 위하여 우리가 할 수 있는 일들을 찾아 나눔을 실천하려고 한다.

단오회 회원 이름과 호

강기준, 김종욱(朝陽), 김흥치(紫泉), 박무웅(萬松), 성 증,

이두표(水下), 이상안, 이옥경(厚培), 이윤우, 정우현(仁松),

정영수(延堂), 정종권(敬岩), 최진철(修滓), 하위수(靑湖),

하정웅, 하창식(古河), 최구식(正印)

동창회, 사우회(社友會), 싱가포르 출신 모임

사우회는 물론이고 초등학교, 중·고등학교, 대학교 동창회도 있다. 동기회도 있지만 해외에서 생활하다 보니 자주 참석하지는 못하지만 일 년에 한 번은 꼭 참석하여 소식과 정을 나눈다.

태국-미얀마 국경에서 지인들과 함께

호주 Perth에서 싱가포르 지인들과 함께

아·태지역 한인회 총연합회 회장들과 함께 뉴질랜드에서

구평회 회장단과 함께 헝가리에서

인간의 만남이 우연일 수도 있고 선택적인 만남, 운명적인 만남일 수도 있지만, 사회생활을 하면서 우연히 만난 사람, 학교 동창이나 회사직원 등 선택적인 만남, 부모자식과 아내, 사돈 등 운명적인 만남 중에 앞에서 기술한 것은 우연의 만남에서 필연적 만남으로 바꾼 것을 피력해 보았다. 많은 인연을 가지고 있는 것은 나의 큰 복으로 아마도 사주팔자에 있는 것이 아닐까 생각한다.

제1부 삶의 광장

정신적 버팀목이 되어 준 신앙생활

정확히 얘기하면 나는 불교 집안에서 태어났다. 할머니께서 딸을 둘 낳았으니 그 옛날 우리 집안의 아들 선호사상은 짐작이 갈 것이다. 그 후에도 딸을 또 낳으셨는데 할머님은 아들을 낳기 위하여 절에 다니면서 100일 기도를 자주 하셨다. 그런데 어느 날 꿈에 부처님이 나타나시어 너는 아이를 위해 평생 빌어야 한다는 태몽을 꾸시고 난 후 아버지가 태어나셨다 한다. 그 후 재산을 정리하여 불답(땅)을 사서(하동군 북천면 방화리) 직접 절을 지어 그곳에서 90세까지 지내셨다.

나는 초등학교 때부터 명절마다 할머님을 꼬박꼬박 찾아뵈었다. 험한 산중턱에 절이 있으니 버스에서 내려 한참 걸어 올라가야 했는데, 밑에서는 절이 보이지 않아 가는 길이 그리 즐겁지는 않았다. 물론 좀 커서는 물 좋고 공기 좋은 곳을 일부러라도 찾아가게 되다 보니 할머니께 인사도 드릴 겸 절에 가는 것이 무척 좋았지만, 밤이면 적막강산이라 이불을 뒤집어쓰고 공부는커녕 밤새도록 불안해하던 기억이 있다. '서당 개 삼 년이면 풍월을 읊는다' 하더니, 지금은 많이 잊었지만 불경 몇 줄은 띄엄띄엄 외울 줄 안다.

이런 영향으로 결혼 전까지는 일 년에 몇 번 절에 다니지 않을 수가 없었다. 결혼하고 해외 주재원으로 발령받아 홍콩에 근무할 당시에는 신앙생활하고는 거리가 멀어 별로 신경을 쓰지 않았다. 그런데 싱가포르에 오고 나서 아이들 셋이 한국에 갔다 오면 성호경을 긋고 밥 먹는 것을 보고 처가가 천주교다 보니 '외할아버지와 외할머니께서 가르치셨구나' 싶어 밥 먹을 때마다 나 혼자 계면쩍어 하기도 했다.

1982년 홍콩에서 싱가포르에 법인장으로 부임하니 아내가 예전보다는 여유가 좀 생겨 천주교 모임에 참석하게 되었다. 돌이켜보면 그때가 싱가포르 한국 천주교(약 8가족)가 태동하던 시기였다. 나는 3년 후 우연히 성당 밖에서 가족을 기다리다가 지쳐 성당 안으로 들어간 적이 있는데 마음이 차분히 가라앉고 엄숙해지는 경험을 했다. 일요일이면 성당에 가족을 데리러 가고 오고 하는 운전수 역할만 하다가, 그날 이후 성당 안에 들어가 미사를 보게 되었다.

세례를 받고 싶어 불교신자이신 부모님에게 여쭤 보니 할머니가 살아계신 동안은 천주교에 입문하지 않는 것이 좋을 것 같다고 하여 미루고 있다가, 1982년 할머니가 돌아가신 후인 1984년 12월 1일 가족의 인도로 세례성사를 받았다. 지금도 주님을 만나게 된 것을 내 일생 중 가장 잘한 일이라고 생각하고 있다. 물론 훨씬 이전에 지금은 고인이 되신 장인의 이끄심도 컸지만….

간절히 기도하는 모습. 2010

미사 중 성체 분배를 하고 있다.

나는 언제나 신앙인이라는 사실에 자부심을 가지고 있다. 우리나라 사람 중에 약 20%가 무신론자(Free Thinker)라고 하는데, 국어사전에 '신앙(信仰)'은 절대적 타자(他者)나 절대적 자기(自己)에 대한 신뢰적·합일적인 태도라고 적혀 있다. 대백과사전에는 그리스도교에서 하느님의 계시에 대한 인간의 응답 내지는 하느님의 섭리(攝理)에 대한 인간의 순종(신뢰)이라는 인간적 관계를 의미한다고 설명해 놓았다. 나는 신앙에 대하여 깊은 통찰을 한 바도 없고 체계적인 공부를 한 적도 없지만, 하느님 안에서 자신의 삶을 반성하고 감사하는 마음으로 살아가는 '신앙인' 이야말로 가장 축복받은 행복한 사람이라고 생각한다.

과거를 거울삼아 현재의 삶을 고민하고 다가올 미래를 희망하며 항상 낮은 자세로 기쁨과 슬픔을 나누는 지혜를 주님 안에서 배우려고 노력하고 있다. 나름대로 주님의 가르침을 실천하며 신앙인의 자세로 봉사하는 삶을 살아가려고 애를 쓰고 있다. 대외적으로는 주님께서 나에게 많은 책무를 주신 것 같다. 천주교 한인 공동체, 한인회장, 한국학교 재단이사장을 역임했고, 현재는 상공회의소 회장을 맡고 있다. 작게는 단체를 위하고 크게는 사회와 조국을 위해 봉사하면서 나는 겸손을 배우고 사랑을 실천할 수 있는 기회를 가질 수 있었다.

한 가정의 가장으로서 책임감을 갖고 가정 안에서 희망과 평화를 일구어 나갈 수 있었던 것도 신앙의 힘 때문이다. 가족 간의 사랑이 그 무엇보다도 참으로 소중한 것임을 늘 마음 안에 품고 살아간다.

지금까지 신앙생활을 잘 해나가고 있는 것은 내 나름대로 몇 가지 실천사항이 있기 때문이다.

첫째, 언제 어디서나 주일 미사만은 꼭 지킨다.

어느 나라 어느 곳에 있어도 엿새 동안 세속(世俗)에 담아 온 몸과 마음을 미사를 보며 주님 안에 있음을 스스로 확인한다. 27년 동안 주일을 지키지 않은 날은 아마 열 손가락 안에 들 것이다. 때로는 말이 통하지 않아도 주님을 만날 수 있다는 것만으로도 행복하다.

둘째, 주일 아침에 가장 반가운 손님을 맞이하는 마음으로 꼭 몸을 깨끗이 씻고 미사 중에는 일주일의 마음의 때를 온전히 씻는다. 미사를 봉헌할 때는 되도록 주님을 가까이 모시고자 앞에 앉기를 원하고 성가를 부를 때나 기도할 때는 하느님과 내 영혼의 대화로 신비로움에 큰 소리로 한다. 이럴 때 굳이 옆사람의 눈치를 보지 않는다.

셋째, 나는 인연을 소중하게 생각한다. 남녀노소를 막론하고 한 번 맺은 인연은 오랫동안 간직하려고 노력한다.

인생이란 함께 더불어 같이 사는 것이며, 봉사와 희생을 보태지 않으면 깊은 인연을 맺기 어렵다는 것을 경험에서 깨달았다. 그래서 일 년에 한 번은 꼭 인연을 맺은 사람들을 찾아보려 하거니와 편지, 이메일, 전화 등으로 안부를 묻는다. 그러다 보니 항상 시간에 쫓기고 바빠서 피곤하기도 하지만, 서로 찾아가고 찾아오는 형제자매들이 있어서 그것을 인생의 큰 낙(樂)이라고 믿고 지금도 행하고 있다.

넷째, 싱가포르 한인 천주교 공동체의 역사는 30년쯤 되었는데 처음 15년은 한국 신부님 없이 공동체가 형성되었다. 그리고 처음 5년은 현지인들과 영어로 미사를 보면서, 그 다음 10년은 현지 신부님과 미사를 보면서 신부님은 영어로 우리는 한국말로 응답하는 어려움이 있었다. 그러나 모든 신자들이 열심히 봉사하고 참여하여 공동체를 키워 나갔다.

나는 한국 신부님이 계시지 않은 시기에 6년간 사목회장직을 맡아 봉사하였는데 이상하게도 주님께서 이런 상황을 알아주셨는지, 아니면 싱가포르 공동체가 국내에 알려졌는지, 싱가포르에 잠시 오셨던 신부님들께서 우리 공동체에 필요할 때마다 방문하여 성경공부와 신앙교육을 지도해 주셨고, 나자로마을 이경재 신부님 주재 하에 해마다 30~60명 세례식을 가질 수 있는 영광을 얻었다.

돌이켜보면 그 당시 한 사람 한 사람 형제자매들이 힘을 합치고 적극적인 노력으로 지금과 같은 공동체로 성장한 것을 보면, 주님께서는 기도를 열심히 하고 깨어 있으면 "목말라하는 자에게 물을 주듯이" 부족함이 많은 우리에게 항상 채워 주신다는 것을 깨달았다.

어느덧 영세를 받은 지 28년이 되었지만 아직도 아는 것이 별로 없어 그냥 성당만 왔다 갔다 하는 발바닥 신자 노릇을 하고 있다. 매주 반성하고 감사하며 새로운 마음을 갖는 것만으로도 마음이 행복하여 끝없이 신앙생활을 계속하겠다는 다짐을 해 본다. 주님을 찬미하고 감사하는 마음으로 남은 인생을 뜻있게 살고자 한다.

믿음의 자세

믿음이란 하느님께 대한 철저한 신뢰를 말하며, 하느님 나라를 선포한 예수님에 대한 철저한 추종을 말한다. 예수님의 추종은 그분의 삶을 반복하는 것이며, 여기에는 구체적인 실천과 행동이 필요하다. 행동과 실천만이 진리를 찾아 얻게 하는 구체적인 계기가 되며 이웃과의 사랑을 가능케 하고 자기완성을 이루는 구원의 필수 요소라서 이웃을 위한 봉사는 모두 실천에 기초하고 있는 교회의 핵심적 요소들이다.

그렇다면 우리는 그동안 얼마나 섬김의 삶을 살았는가? 또 나눔이란 말을 실천해 본 일이 과연 어느 만큼인가? 있다면 세례를 받지 않고서도 섬김과 나눔의 삶을 살아가는 사람보다 얼마만큼 더 노력했는지 한 번쯤 반성해 보는 것이 좋을 것 같다. 우리 공동체는 양적인 증가는 급속히 이루어져 왔는데 질적인 증가도 양만큼이나 만족한 결과인지 의문이다.

해외에 나와 생활하고 있는 우리는 일과 방문객으로 눈코 뜰 새가 없다. 그렇다고 신앙생활을 뒤로 미루어 놓고 취미생활 하듯 할 수는 없는 것이다. 특히 주일미사는 빠지지 말아야 하고, 우리 교회가 내부 수리중에 있다고 다른 교회에 가거나 한 번쯤 빠진다고 해서 어떠랴 하는 것은 공동체의 삶을 살아가는 신앙인의 자세에 크게 어긋나는 것이다.

그렇지만 꼭 우리 공동체 내의 형제자매, 동창회, 함께 일하는 직장 또는 단체에 속해 있는 사람들만 친교를 하여야 한다는 것은 아니다. 내가 만나는 모든 어른과 아이, 남녀노소, 내국인과 외국인,

가난한 이와 부자, 예수님께서 만났던 모든 사람을 대상으로 섬김과 나눔을 실천하여야 할 것이다.

예수님께서는 먼저 집에 가서 가족과 작별인사를 하고 오겠다는 사람에게 쟁기를 잡고 뒤로 자꾸 돌아보는 사람은 하늘나라에 들어갈 자격이 없다(루가 9:62)고 말씀하셨다. 예수님을 따르는 데는 단호한 결단과 성실의 바탕 위에 세워지기 때문이다.

『겨자씨』 100회 발간을 자축하며

12년 전 서너 가정이 시작한 작은 신앙 모임이 있었습니다.

이 작은 믿음의 씨는 점점 자라, 1984년 12월 2일 성나자로마을 원장이신 이경재 신부님을 모시고 싱가포르 한인 천주교회 첫 영세식을 가진 이후, 현재 교우 300여 명의 교회로 발전하기까지에 이르렀습니다.

항상 어렵고 외로운 환경 속에서도 천주님을 향한 '겨자씨' 만한 믿음을 지키고자 하는 여러분의 간절한 기도와 숨은 봉사가 이곳 교민사회에 뿌리를 내리게 되었음을 자축하고자 합니다.

"하늘나라는 겨자씨에 비유할 수 있다. 어떤 사람이 밭에 겨자씨를 뿌렸다. 겨자씨는 모든 씨앗 중에서도 가장 작은 것이지만 싹이 트고 자라나면 어느 푸성귀보다도 커져서 공중의 새들이 날아와 그 가지에 깃들일 만큼 큰 나무가 된다."

이는 마태복음 13장 32절의 말씀입니다.

'겨자씨' 만한 믿음만 있어도 큰 사랑의 역사를 이룩할 수 있다는 천주님의 말씀을 서로 나누며 격려하고 실천하기 위하여 성나자로 마을과 무주 구천동 성당을 지원하고 있으며, 우리 믿음의 성장을 위해 발간한 월보『겨자씨』도 이번에 100회를 맞이하였음은 천주님의 깊은 사랑과 은혜입니다.

현재 미사를 드리고 있는 싱가포르 주교좌 성당은 세계에서 가장 소음이 심한 환경이지만, 현지인 신부님의 알뜰하고 깊은 배려에 늘 감사하는 마음뿐입니다. 그러나 앞으로는 내적인 신앙의 성장과 충실을 위해 싱가포르 한인 천주교회에 한국인 신부님을 모시는 일과 우리 교회를 신축하는 일에 전심전력을 다할 것이며, 사회봉사활동도 그 폭을 넓혀 고국뿐만 아니라 우리가 현재 생활하고 있는 싱가포르의 사회단체나 교회에 도움과 사랑의 손길을 뻗칠 예정입니다.

우리가 목표한 이 주님의 사업에 항상 기도와 열정으로 앞장서시는 교우 여러분의 가정에 천주님의 은혜와 축복이 함께 하시길 진심으로 축원합니다.

1993. 10.

성나자로마을에서 싱가포르 한인 천주교까지

싱가포르는 적도 1도에 위치한 아열대기후를 지닌 말레이반도 남단의 작은 섬으로 인구 500만인 다민족 국가이다. 이곳의 천주교는 16세기 말경 말레이반도를 통하여 전파되었으나 1821년 싱가포르에 첫 외국 사제가 파견된 후 현재 인구의 약 5%인 13만 명의 신자와 30개의 성당으로 늘어나게 되었다.

1982년 성나자로 회원이신 정분다(순희) 자매님의 노력으로 대여섯 가정을 중심으로 한인 공동체 모임이 시작되었으며, 처음 활동은 신자들의 친목과 양로원 봉사로 각 가정을 차례대로 방문하면서 주 1회 모였고, 주일 미사는 각자 가까운 동네 성당에서 보게 되었다.

1983년 성나자로마을돕기회 회원을 모집하기 위해 이곳을 방문하신 이경재 신부님의 주선으로 지금까지 사용하고 있는 주교좌 성당(Good Shepherd Church)에서 현지인들의 영어 미사에 공동으로 참여하기 시작하였고, 그 후 월 1회 영어 미사를 따로 우리 공동체가 보게 되는 영광이 마련되기도 하였다.

주교좌 성당은 1843년에 건축되어 문화재 보호 건물로 지정되어 있으며 우리 한국과는 깊은 인연을 담고 있는 성당이라 할 수 있다. 1821년 라우엔시오 앵베르(Rev. Lawrence Imbert) 프랑스 신부님이 외국 사제로는 처음으로 이곳 싱가포르에 부임하시고, 몇 년 후 중국을 거쳐 한국으로 건너가 1839년 9월 21일 서울 근교에서 순교하셨다.

앵베르 신부님의 유품이 바로 이곳에 보존되어 있어 우리 공동체는 이곳을 지나는 모든 분들이 성인의 유품(치아)을 볼 수 있도록 1984년 성인품에 오르신 후 성당 앞쪽 옆 벽면에 새롭게 단장하여 안치해 놓았다.

이런 인연들을 성나자로마을 원장이신 이경재 신부님이 마련해 주셨으며, 신부님이 다녀가신 후 한인 공동체는 서서히 신앙심을 키워 나가게 되었고 신자 수도 점차 늘어났다. 이 신부님은 초창기 한국 천주교의 모습을 보는 듯하다며 흐뭇해 하시고 용기와 격려를 아끼지 않으셨다.

우리는 통신교리로 신앙생활을 시작하였고, 한인 공동체의 노력을 가상히 여긴 로버트 발레체 현지 주임신부님의 집전으로 주 1회 단독 영어 한인 미사를 보는 발전을 하게 되었다. 드디어 통신교리로 공부한 신자들이 1984년 12월 2일 처음으로 이경재 신부님의 집전으로 세례성사(1가족), 혼인성사(2가족)가 이루어졌다. 세례성사 후 남자들의 모임인 사도회가 활성화되기 시작하여 점차 공동체로서 조직이 갖추어졌다.

1985년부터 싱가포르 산업체에 약 1,000여 명의 한국 여성 근로자들이 2년 계약으로 다국적 기업에 근무하게 되었고, 많은 남성 건설기술자들도 현장에서 근무하며 신앙생활을 위해 우리 공동체에 참여하였다. 그들에게 정신적인 신앙생활의 안내자가 되기 위해 부단히 노력한 결과 많은 근로자들이 성당을 찾았고, 해외에서 신앙생활을 계속할 수 있게 된 점은 참으로 가슴 뿌듯한 일이다.

1986년은 실로 싱가포르 한인 천주교에 가장 뜻깊은 축복의 해였다. 20여 명이라는 엄청난 영세자가 탄생하였고, 11월 20일 역사적인 교황 방문으로 싱가포르는 온통 신앙의 열기로 달아올랐으며, 한인 공동체가 교황님이 집전하시는 별도 미사에 참여하는 영광의 시간을 가졌다. 또한 그 해 우리나라 천주교의 상징이자 대표자이신 김수환 추기경님께서 싱가포르를 방문하시어 귀하고 좋은 말씀을 나누며 축복의 날들을 보낼 수 있었다.

그러나 해마다 바뀌는 교우들과 예측하기 어려운 신자 수의 변동에 우리는 자주 사제의 가르침을 목말라했으며, 그때마다 이 신부님은 바쁘신 중에도 거의 해마다 한두 번 이곳에 오시어 깊은 주님의 사랑을 불어넣어 주셨다. 신부님의 노력으로 그 무렵 이웃나라 인도네시아와 말레이시아에도 한인 공동체가 만들어졌다.

싱가포르 한인 천주교회는 성나자로마을돕기회 회원으로 지금도 정성을 전달하고 있으며, 이곳을 떠나 귀국한 형제자매들이 성나자로마을 운영위원이 되어 많은 활동을 하고 있다. 이경재 신부님께서 싱가포르 한인 천주교에 보여 주신 뜨거운 사랑의 씨앗은 이제 160여 가족이라는 많은 신자와 1997년부터 우리 신부님(김광근 도미니꼬)을 모시고 튼튼한 신앙의 뿌리를 내리는 데 큰 밑거름이 되었다. 지상에서의 고달픈 삶을 접으시고 영원한 휴식처인 천국에서도 이경재 신부님께서는 싱가포르 한인 천주교회를 지켜 주시리라 믿고 있다.

싱가포르 한인 천주교회 편찬사에 붙여

빠른 세월입니다.

시작이 반이라고 하더니 20년 이상 맥을 이어오면서 계속 발전하고 있는 우리 신앙은 작은 겨자씨 하나가 뿌려져 어느덧 튼튼한 나무로 자라고 있습니다. 1982년 초 처음 시작할 때는 대여섯 가족으로 그것도 외짝 교우가 많았지만, 1982년 말쯤 성나자로마을에 계시는 이경재 신부님이 이곳을 방문하셔서 겨자씨 한 알을 묻으셨습니다.

그 즈음 건설 근로자, 전자회사 조립원들이 많이 나와 있어 제법 공동체로서 모양을 갖추게 되었고, 세 번째 일요일이면 미사 후 그분들에게 점심 대접을 하던 것이 지금도 이어지고 있지요.

그때는 현지인들과 같이 일요일 아침 10시에 미사를 드렸는데 주교님(그레고리 영)과 신부님(로버트 발레체)께서 우리 공동체를 어여삐 여기시어 매달 세 번째 주일날 신부님은 영어로 우리는 한국어로 그나마 한인 미사로서 형식을 갖추어 갔습니다. 해마다 통신교리를 받으며 세례성사도 열심히 했지만 목마름은 가시지 않았고, 그래서 혹시 동남아를 지나가시는 신부님이 계시다는 소식만 들어도 어떻게든 모셔서 성경 세미나와 한국어 미사를 드리며 일 년에 예닐곱 번은 갈증 해소를 했었습니다.

참 그때에도 매주 양로원에 가서 봉사를 하며 국내 재소자 돕기, 나자로마을, 무주 구천동 성당 등 매달 성금을 보내면서 사랑을 키워 나갔지요. 지금 생각하면 그때 우리 소망은 100가족만 넘으면 한국 신부님을 모실 수 있다는 희망을 걸고 매번 100가족만 넘게 해달라고 기도했답니다. 그것이 15년쯤 걸렸습니다. 해마다 말레이시아의 말라카, 뎃사루 등으로 야유회를 가는 등 인간적인 교분을 쌓아 가며 신앙심을 키웠던 참 좋은 추억들이 생생합니다.

매년 크리스마스를 전후해 일 년을 결산하는 총회를 열 때 장소를 구하지 못해 식당, 클럽하우스 등을 전전하면서도 한 해를 돌아보고 반성하며 새해를 설계하는 다짐도 잊지 않았었죠. 우리 공동체의 운명인 것처럼 해마다 많은 사람들이 오면 또 가고, 세계 각 나라에 흩어졌어도 계속 열심히 신앙생활을 하고 있다는 소식을 접할 때에는 정말 흐뭇하답니다.

어려운 환경 속에서도 열심히 살아가는 우리 공동체는 많은 축복도 받았지요. 86년 11월 최초로 교황 바오로 2세께서 싱가포르를 방문하시어 한인 공동체가 단일 공동체로서 싱가포르 스타디움에서 교황님께서 직접 집전하시는 야외 미사에 참석하는 영광도 누렸으

김수환 추기경님과 함께

성모회 회원들과 김수환 추기경님을 모시고…

며, 김수환 추기경님께서 두 번이나 이곳을 방문하시어 마치 초창기 한국 천주교의 모습을 보는 것 같다시면서 응원과 격려로 축복해 주셨습니다.

사실 싱가포르 주교좌 성당은 한국 천주교와 불가분의 관계입니다. 외국인 선교사로 처음 한국에 오신 앵베르 주교님은 조선 헌종 천주교 기해박해(1893년) 때 순교하시고 그분의 치아가 이곳에 안치되어 있습니다. 신부님께서는 싱가포르를 거쳐 중국에 머물다가 한국에 파견되셨습니다. 순교 후 복자로 계시다가 한국에서 1984년 103위 성인서품에서 성인품에 오르시어 저희 공동체 성당 앞쪽 왼편에 설치되어 있던 복자비를 떼어내고 성인성문비로 새로 단장하는 영광도 누렸습니다.

우리 성당은 아마도 세계에서 가장 소음이 심한 성당일 것이며 건물이 오래되어 한 번은 앞쪽 천장이 무너져 내리는 돌발사태도 있었지만 다행히 사고는 없었지요. 이곳 주교좌 성당은 1844년 건설공사를 시작하여 1846년에 완공된 역사가 있는 건물이며, 1997~1999년에 걸쳐 대보수를 할 때도 우리 공동체가 지원했으며 한인 공동체와는 사랑과 고뇌를 함께 해 온 곳이기도 합니다.

1973년에 싱가포르 정부로부터 기념 건축물로 지정되었고, 지금은 주변에 싱가포르 경영대학을 짓고 있어 시끄럽고 혼잡하기 그지없지만, 그래도 주님께서 이곳에 한인 천주교회의 둥지를 틀게 해 주시고 우리 공동체가 불편 없이 사용할 수 있도록 해 주시니 얼마나 고마운지 모르겠습니다.

앞에서 언급한 바와 같이 처음 15년은 개척 교회처럼 열심히 지내다 보니 어느덧 훌쩍 100가족을 넘게 되었습니다. 드디어 부산교구에서 인도네시아 자카르타에 한국 신부님이 파견되어 한 달에 한 번 싱가포르에도 방문하시어 미사를 드려 주시다가, 1997년 춘천교구 교구장님이신 장익 주교님께서 신부님을 보내 주셨어요. 그때부터 우리 신부님이 한 달에 한 번 말레이시아 공동체를 위해 방문하시고 미사를 드렸었지요.

마침내 어둠에서 빛을 밝히듯 M.E., 꾸르실료 등 교육의 열은 나날이 뻗쳐 주변국 말레이시아까지 환히 밝아지게 되었습니다. 신부님께서 오신 후 신앙심이 충만하고 늘 목마르지 않는 사랑의 샘물이 흐르고 있으니 축복이 더할 나위 없습니다.

이제는 지난 20여 년보다 앞으로 다가오는 20년을 생각해 볼 때가 된 것 같습니다. 사람은 가도 신앙의 힘은 영원한 것이기에 우리 교회를 신축하는 일에도 신경을 써야 되겠습니다. 현지 사회에 대한 봉사활동도 잘 계획하여 싱가포르 사회단체나 교회에 적극적으로 사랑의 손길을 나누어야 할 때입니다.

주님의 사랑으로 하잘것없는 저희에게 훌륭한 공동체로 발전시켜 주시고 계속 많은 형제자매님들을 보내 주시어 서로 사랑을 나눌 수 있는 영원한 안식처로 이끌어 주소서.

주님, 감사합니다.

2004. 5.

제1부 삶의 광장

동포사회와
국가를 생각하며

● ●
●

1982년 10월 25일 법인장으로 발령을 받고 옮겨 온 싱가포르는 전원 냄새가 물씬 풍기는 작은 도시국가였다. 물론 그 전에 지점이 설립되어(1976년) 싱가포르에 이따금 출장을 오긴 했지만, 그때 당시 인구는 280만 명 정도로 오차드 로드에서 베독까지 버스로 한 시간 정도 걸렸다. 지금처럼 도로가 잘 정돈되어 있지 않아 길옆에는 갈대와 잡초가 무성했었다.

한국 회사는 종합상사, 목재, 선박, 건설사 등 35개 정도가 나와 있었는데 그 중 쌍용시멘트와 쌍용건설이 진출하여 좋은 이미지를 만들고 있을 때여서 택시를 타면 쌍용에 근무하느냐고 물어보곤 했다. 또한 1986년 서울에서 아시안게임을 개최하고 난 후부터 한국 상품들이 알려지기 시작했다.

법인장으로 부임하고 보니 북한대사관도 있다고 하여 약간 긴장을 했지만, 보안교육을 받고 나온 터라 별 문제는 없었다. 한인단체인 한인회가 반가워 행사 때마다 빠지지 않고 참가하여 회비도 꼬박꼬박 잘 내었더니 1984년에 평의원(지금 대의원), 1986년에 부회장에 임명되는 영광을 안았다.

북한대사관이 같이 주재하는 싱가포르에서는 굳건한 단체가 필요하다는 생각을 했기 때문에 여러 가지로 어려운 상황이었지만 한인회비는 물론 물심양면 지원하는 것이 동포사회나 국가에 도움이 될 것으로 생각했다.

한인회

그때 한인회는 정원상 회장(1대 한인회장, 1963년 취임)이 맡고 계셨는데 독립운동을 하신 아버지를 따라 1920년대에 싱가포르에 안착하여 이곳에서 줄곧 사업(목재)을 하고 계셨다. 등록 한인 수는 순수 교민 500여 명, 상사 주재원 100여 명, 건설근로자 1,500여 명 정도였다. 지금도 정원상 회장님은 생존해 계시는데 연세가 102세라 거동이 불편하신 점이 안타깝다. 회장님 사무실이 한인회 사무실이었고(Shenton Way), 당시에는 회장 비서가 한인회 직원 역할까지 같이 했었다.

그 후 강장열 회장, 김진원 회장, 안동진 회장을 거쳐 나에게까지 회장의 책무가 맡겨졌다. 하루는 당시 이장춘 대사(4대 싱가포르 대사, 1985년 12월 부임)가 Pine Tree Club으로 안동진 회장(삼성전자 출신)과 나를 부르더니 다짜고짜 한인회장을 맡아 주어야겠는데 둘

중에 한 사람이 했으면 하니 이 자리에서 결정해 주면 좋겠다는 것이었다. 이 말을 듣고 나는 안동진 씨가 싱가포르에 먼저 부임하였고 사업도 먼저 시작했으니 회장직을 먼저 맡는 것이 좋겠다고 말씀드렸다. 그러자 안동진 씨가 회장을 하고 내가 부회장을 맡아 달라고 요청하여 둘은 승낙하였다. 안 회장과 나는 간혹 그때를 얘기하며 배를 움켜쥐고 웃곤 한다.

당시 한인회는 일 년에 총회 한 번, 체육대회 한 번 정도 개최하는 작은 단체로 동포 수가 적어 자주 만나니 서로를 잘 알았다. 정원상 회장님은 한인사회에 새로 개업하는 지점이나 사업체는 한 군데도 빠짐없이 방문하여 축하해 주거나 상품을 구입해 주셨다. 그 모습이 아직 젊은 나이였던 내가 보기에 진실하고 따뜻하게 느껴져 좋은 인상으로 남아 있다.

그분은 한인회 창설자이며(1963년) 대사관이 설립되지 않았을 때 민·관 대표를 하신, 말 그대로 한인사회의 국가대표였다. 지금 몸이 불편하시지만 오래오래 우리 옆에 계셔 주시길 주님께 빌어 본다.

그 다음 강장열 회장(2대 한인회장, 1983년 취임)은 사업차 페낭(선박)에 오셨다가 선박이 압류될 위기에서 변호사를 선임하고 법정 싸움을 하게 되었는데, 영어가 걸림돌이 되어 의사표현이 자유롭지 못하자 페낭(말레이시아) 초등학교에 다시 편입하여 노령에도 불구하고 어린 학생들과 함께 영어를 배우는 열정을 가진 입지전적인 분이시다. 몇 년 후 정원상 회장과 인연이 닿아 싱가포르에 오신 후 개인회사를 차려 목재사업을 크게 하신 분으로 자녀들도 모두 싱가포르에서 훌륭하게 키워 내셨다. 70세가 넘어서 천주교에 입문하여 세례를 받고 한국학교 초대 이사장을 하실 정도로 한인사회에 큰 업적을 남긴 분이다.

그 후 싱가포르 한인사회는 점점 회원이 증가하여 1986년도에는 건설 근로자를 포함하면 1만 명이 넘는 큰 단체로 변모하였다. 1987년도에는 이곳 제조업체(일본, 미국 업체)에 여성 기능공이 부족하여 한국에서 1,500명 정도가 파견 근무를 하여 서울올림픽이 있던 1988년에는 시내 곳곳에서 한국 사람을 만나는 것이 어렵지 않았다. 물론 정식 한인회원은 아니었지만 한인회는 그분들이 해외생활을 잘 할 수 있도록 지원을 아끼지 않았다.

한인회에서는 1989년 김진원 회장 재임 중 학교 설립을 위하여 1차 모임을 갖고 본격적으로 추진하기 위해 출발하였지만, 김진원 회장이 중도 사퇴하는 바람에 잠시 중단되었다가 안동진 회장이 취임하자 곧 본격적으로 추진되어 추진위원장에 강장열, 부위원장에 안동진, 정영수를 선임하고 수차례 회의와 고심 끝에(한국학교 부분에서 상세히 소개하겠다) 드디어 1993년 3월 1일 정규학교가 설립되고 우리 건물을 갖게 되는 꿈을 이루었다.

1993년 1월 1일부터 나는 한인회장에 취임하면서 한인사회를 재미있게 꾸려 나가야겠다는 목표를 세우고 열심히 뛰어다녔다. 당시 사업도 웬만큼 자리를 잡고 있었으나 한인회에 시간을 많이 할애하다 보니 사업 확장 시기에 불안한 마음이 들어 그 다음 회장 연임은 망설였으나 선후배들의 강력한 요청으로 연임을 하게 되었다. 그때 나는 '졸면 죽는다'는 표어를 가슴에 새기고 사업과 한인 봉사에 열심히 정진하였다.

한인 인구가 부쩍 증가하여 서로 자주 만나 정보를 교환하려면 우선 행사를 체계화할 필요가 있었다. 매 2개월마다 한인골프대회(한인회, 대사관, 금융단, 건설협의회, 상사협의회 스폰서)를 개최하였고, 정월에는 부모효도잔치, 5월에는 주부백일장과 학생사생대회를 열었다. 그리고 매년 두 번씩 저명인사를 초청하여 교양강연회(김동길 교수, 홍사덕 의원 등)를 가졌다. 또한 체력단련을 위한 체육대회, 야유회, 거북이마라톤대회 등 거의 매달 행사를 주관하고 자주 모임을 가지니 서로 가까워지고 협조도 잘 이루어졌다.

연말 총회는 송년회를 겸하여 회원들에게 보답하기 위해 한국에서 유명 연예인을 해마다 2~3명 초청하여 푸짐한 행운권 추첨과 함께 즐거운 잔치, 송년의 밤을 보냈다. 그때 이용식, 이용, 조영남, 박인수 교수, 노사연, 이무송, 남궁옥분, 주현미, 설운도, 김완선 등 당시 쟁쟁하던 유명 연예인들을 초청했다. 전속 반주자 없이 공연하지 않는 유명가수들이 악단 5~6명과 함께 왔음에도 불구하고 형편없는 개런티를 받고 와 주었다. 항공 협찬은 대한항공, 아시아나항공에서 비즈니스 항공권을 무료로 지원해 주는 등 한인사회가 하나가 되어 송년 행사에 참여하였다.

한편 한인회가 1963년에 설립되었다고 하였지만 그때까지 변변한 기록이 없어 나는 한인회보를 만들어야겠다는 생각을 하고 전임 안동진 회장과 상의하여 1992년 12월 18일 창간호를 발행했다. 당시 공모를 통해 '한누리'라는 제호를 정하고, 내가 회장에 취임한 1993년부터 3개월마다 계간으로 발간하기로 했다. 봄, 여름, 가을, 겨울의 정서가 묻어나게 표지를 만들고 소식지, 문학지로서 손색이 없도록 기획 편집하여 싱가포르 동포사회뿐만 아니라 싱가포르를 거쳐 간 서울 지역분들에게까지 우편으로 배송하여 많은 소식을 주고받았다.

지금 20년이 지나고 100호를 발행하여 지난해에는 감사패를 받게 되어 감개가 무량하였다. 발행 초창기에 한국에서 인쇄한 회보를 대한항공과 아시아나항공의 도움으로 무료로 운송했던 일, 부족한 제작비 등 어려웠던 일들이 주마등처럼 스쳐간다. 그때부터 한인회 역사가 기록된 것 같아 후배들에게 좋은 유산을 남겨 주었다고 생각하니 뿌듯하다.

또 하나 빼놓을 수 없는 것은 한인회관 건립에 관한 이야기다.

한인회는 있지만 사무실이 없어 회장이 선임되면 한인회 사무실은 회장이 사업하는 곳으로 옮겨 갈 수밖에 없었다. 내가 한인회장 8년 하는 동안 한인회 사무실은 내 사무실 한쪽에 있었는데, 새로운 회원들이 방문하면 민망함에 몸 둘 바를 몰랐다.

그리하여 내가 재단이사장으로 있으면서 한인회 주도로 한국학교 개교 모금운동을 할 때 한국학교가 개교하면 한인회 사무실을 학교 안에 두자고 약속하였다. 그런데 아무래도 외부 인사들의 방문이 잦고 한인회장이 매일 출근하다시피 해야 하니 교장선생님과 선생님들이 많이 불편해했다. 한인회가 따로 옮겨 갈 것을 학교측에서 당시 함명철 대사(11대 싱가포르 대사, 2000년 8월 부임)에게 보고하였고, 문교부에도 공문을 보내 학교 내에 타 단체가 있을 수 없다는 회신을 받았다.

한인회 사무실을 옮기라는 대사의 권유로 후임 김기봉 회장이 대사관과 학교와 수차례 회의 끝에 결국 한인회는 Shenton Way에 월세를 얻어 옮기게 되었는데, 회비로 사무실 임대료와 직원 월급을 지불하고 나면 한인회 운영에 큰 어려움이 예상되어 원로회원들의

1994년 한인 송년의 밤 행사에서 행운권 추첨을 하고 있다.

1994년 한인 문학의 밤

걱정이 많았다.

그런데 후임으로 부임한 유광석 대사(12대 싱가포르 대사, 2003년 6월 부임)에게 그동안의 상황을 자세히 설명하고 한인회 사무실 구입 모금운동을 적극 추진해 주면 한인사회가 발전할 것 같으니 한번 시도해 보자고 요청했다. 유 대사는 좋은 제안이라면서 어떻게 모금하는 것이 좋겠느냐고 제의하여, 우선 한인회 사무실은 동포들과 깊은 관계가 있으니 먼저 동포들에게 어느 정도 모금한 후에 주재 상사 등에 지원 요청을 하는 것이 좋을 듯하니 동포 기업인에게 모금하자는 의견을 모았다.

곧바로 차기 지도자가 될 만한 분들에게 전화를 했는데, 특히 봉세종 씨(8대 한인회장, 2009년 취임)와 박기출 씨(9대 한인회장, 2011년 취임)는 한인회 사무실 구입 모금운동에 적극 찬성하여 각각 SGD 50,000 기부 약속을 했다. 대사에게 결과를 보고했더니 KS 마리타임 김광열 대표도 SGD 50,000을 약속했다고 하여 이틀 만에 SGD 150,000이 모금되었고, 당시 한인회장인 최석 회장(7대 한인회장, 2005년 취임)이 SGD 30,000, 민주평통과 본인, 교포경영인회 등 일주일 후 SGD 300,000이 모금되었다.

어려울 줄만 알았던 회관 구입 모금이 일사천리로 진행되는 것을 본 대사도 깜짝 놀라 싱가포르 동포사회가 이런 저력이 있는 줄 몰랐다고 했다. 그리고 개인뿐만 아니라 주재 상사, 동포 기업에서도 모금에 동참하여 한인회 사무실이 아니라 한인회관을 Tanjong Pagar에 구입할 수 있었다. 회관 구입비는 SGD 2,470,000인데 모금은 SGD 1,600,000, 그리고 은행 대출을 받아 수리비까지 포함하여 총 SGD 2,800,000이 소요되어 드디어 2008년 3월 1일 입주를 하기에 이르렀다.

 이는 그동안 결집력이 떨어지는 것처럼 보였던 싱가포르 한인사회가 다같이 힘을 모아 이뤄 낸 성과이며 가장 보람 있는 경사로 기록될 것이다. 아울러 이를 추진한 최석 회장, 봉세종 회장의 노고에도 아낌없는 박수를 보낸다.

역대 한인회장 재임기간

초대 정원상 : 1963~1982   2대 강장열 : 1983~1988
3대 김진원 : 1989~1990   4대 안동진 : 1991~1992
5대 정영수 : 1993~2000   6대 김기봉 : 2001~2004
7대 최 석 : 2005~2008   8대 봉세종 : 2009~2010
9대 박기출 : 2011~현재

한국학교

 토요일에 한글만 가르치는 주말학교를 Newton Circus 근처 교회 건물을 빌려 시작하였다. 그런데 학생 수가 늘어나 교실도 부족했거니와 한국 아이들이 기물을 파손한다고 교회측에서 불평을 하며 옮겨 주었으면 좋겠다는 무언의 압력을 받게 되었다.

 그래서 김세택 대사(5대 싱가포르 대사, 1989년 3월 부임) 재임 중 우리도 한국학교를 만들어 보자고 의견을 모았는데, 갑자기 김 대사가 유럽으로 발령이 나고 후임으로 한창식 대사(7대 싱가포르 대사, 1991년

거북이마라톤대회

1998년 한국학교 방문의 날

10월)가 부임했으나 학교 설립에 부정적이고 반신반의하여 한인사회 중심의 학교 건립을 추진하게 되었다.

우리끼리 모여 열심히 의논한 끝에 동포와 상사 주재원으로 발기대회를 열고(1990년 2월 2일) 추진위원회를 만들어 추진위원장은 제일 원로이신 강장열 전임 회장이 맡았다. 부회장은 두 사람으로 행정은 안동진 회장(4대 한인회장, 1991년 취임)이, 모금은 내가 담당하기로 하였다.

당시 상황으로는 대기업에 기댈 수밖에 없어 우선 대기업 회장 비서실에 협조 공문을 띄워 지속적으로 부탁한 결과 1년 6개월 후 SGD 100,000~200,000을 기부받았다. 은행들도 SGD 50,000 정도 분담하여 단번에 SGD 1,500,000을 모금할 수 있었다. 그렇게 우선 학교 부지를 물색하고 구입 준비를 시작했으니 그야말로 무에서 유를 창조한 것이나 다름없었다.

한인 동포들도 십시일반 내어 2차에 걸쳐 SGD 200,000 정도 모으고 국가에서 매칭 펀드(Matching fund)로 같은 금액을 보조해 주었다. 초대 이사장은 강장열, 초대 교장은 박호남, 교사 6명 그리고 직원 3명으로 Lim Ah Woo Road에 단독주택을 구입, 개조하여 1993년 3월 3일 개교하였다. 처음 정규학교 학생 61명으로 출발하였으나 1997년에는 160명의 학생이 공부하는 학교로 성장해 가니 모두 신이 났다.

물론 교회에서 고생하던 토요학교 학생 200명도 옮겨 왔는데 수용을 다 못하여 컨테이너 두 개를 개조하여 교실로 사용하고, 계속 대기자 명단이 있을 정도로 학생 수가 크게 증가하자 학교 증축을 생각하지 않을 수 없었다. 또 모금을 하여 뒷마당에 현대건설의 협조로 강당과 교실을 추가 건축하게 되었다(1995년 7월 20일).

당시 운동장 가운데 개인 가옥이 3채 있었는데 계약기간이 끝나지 않았다고 이주를 거부하여 몇 년 간 실랑이를 벌이기도 했다. 그리고 학교 정면 코너에 있는 싱가포르 정부 소유의 자투리땅을 정기옥 대사(10대 싱가포르 대사, 1998년 5월 부임)의 노력으로 싸게 매입하여 교사를 넓히니 제법 그럴듯한 학교 모습을 갖추게 되었다.

개교는 하였으나 준비된 것이 별로 없어 초창기 선생님들이 무척 고생하였다. 특히 교가, 교기, 학교 상징로고 등을 모두 새로 만들어야 했고 교자재가 없어 서울에서 구입해 오느라 시간에 쫓기기도 하였다.

그때 내가 재단이사장에 취임하여 학생들 급식 자금을 모금하여 식당부터 지었다(2007년 6월 25일). 그리고 점심을 배식하게 하였는데 한 번은 식중독 사건이 일어나는 바람에 싱가포르 당국에서 출두한 일도 있었다. 한때 IMF 위기로 학생 수가 90명까지 줄어들기도 했으나 학교는 계속 발전하여 전 세계 한인사회에서 자체자금으로 학교를 설립한 전무후무한 사례가 되었다.

2010년 8월 Butik Tingi에 400명 정도를 수용할 수 있는 학교를 구입, 이전하여 중·고등학교 과정이 신설되어 개교 18년 만에 명실상부한 종합국제학교로 성장하였다. "여러 사람의 노력과 관심이 있으면 이렇게 발전할 수 있구나" 하는 모델 케이스가 된 한국학교를 보면 뜻이 있는 곳에 길이 있다는 것을 입증한 것 같아 감개무량하기 이를 데 없다.

역대 재단이사장 재임기간

초대 강장열 1993. 3~1997. 7   2대 정영수 1997. 7~2001. 7
3대 조경용 2001. 7~2003. 7   4대 최병섭 2003. 7~2006. 7
5대 김광수 2006. 7~2011. 7

상공회의소 창립

1980년대 초 처음 민·관 합동으로 월별 경제 관련 정보를 교환하기 위해 대사관, 상사, 동포 기업들이 경제협의회라는 것을 정기적으로 개최하였다. 그러나 1997년 IMF 위기로 한국의 경제가 어렵게 되자 정부의 권유도 있어 상공회의소를 만들기로 했다.

그 무렵 나는 한인회장을 맡고 있을 때라 어려운 시기에 회비도 받기 힘든데 상공회의소를 조직하여 또 회비를 받으면 두 단체를 운영하는 데 어려움이 있으니 한인회 내에 경제분과를 두어 한인회 예산에서 지원하는 것으로 하고 상공회의소 설립에 반대하였다. 대사관을 설득하고 대사와 설전을 벌일 정도였으나 결국 대기업 중심으로 상공회의소가 만들어져 첫 회장은 삼성 동남아시아 안덕기 사장이 맡았다.

한인회는 상공회의소와 그 후에도 계속 회의를 하고 회비는 최소한으로 부과하자는 건의를 하다가 회의가 결렬되는 험악한 분위기까지 가기도 했다. 그러다보니 상공회의소는 지지부진하게 되고 대기업도 서로 경쟁 관계 때문에 잘 참여하지 않게 되어 유명무실해졌지만 상공회의소는 법적 등록이 되어 있었다. 그 후 회장은 현대건설 오진영 씨가 맡았는데, 대사관과 협의하여 한인회장을 고문으로 모실 테니 상공회의소를 도와 달라는 부탁이 있었다. 나는 IMF 위기 극복 및 경제회복이 중요하고 민·관이 긴밀히 협조하기 위하여 필요한 조직으로 생각하여 받아들였다.

하지만 대기업들 간에 눈에 보이지 않는 경쟁 관계로 참가율도 떨어지고 제자리걸음을 벗어나지 못한 채 LG(GS), 삼성, 한진해운, 그리고 또다시 삼성으로 회장만 바뀌었다. 그런데 박준우 대사(13대 싱가포르 대사, 2006년 3월 부임)가 부임하고 나서 경제 활성화를 위해 재건하기로 하고 동포사회에 문을 두드리는 동시에 동포 단체장을 역임한 나에게 세 번이나 찾아와 간절히 부탁을 하여 결국 상공회의소 회장을 맡게 되었다.

회장을 맡고 나서 서류를 챙겨보니 파일 하나와 잔액 SGD 25,000 가량 남아 있고 직원은커녕 회의록도 기록되지 않은 데다가 결산보고도 정부에 하지 않아 벌금이 부과되어 있었다. 회칙도 영문만 있어 적잖이 실망을 했다. 새로 임원진을 짜고 회칙을 개정하고 직원을 채용하여 KOTRA에 사무실을 두고 KOTRA 관장이 상근 부회장이 되는 조건으로 골격을 잡아 회비를 최소화하고 회원들을 위한 행사와 실속 있는 회의를 운영하니 금방 활기를 찾게 되었다.

또 다른 활력소는 무역협회가 전 세계 지점이 나가 있는 곳에서는 현지 상공회의소 사무국을 맡아 운영하고 있어 우리도 KOTRA에서 무역협회로 사무실을 옮겼다. 그리고 민간단체가 사무국을 맡으니 더욱 활성화되어 발전할 수 있는 계기를 마련하게 되었다.

회장인 내가 가장 먼저 해야 할 일은 싱가포르 한국 상공회의소가 대외적으로 해야 할 일을 기획하는 것이었다. 그리하여 한국 기업들은 돈만 벌어가는 것이 아니고 현지인을 존경하고 함께 하면서 어려운 이웃을 돕는다는 인식을 높이기 위해 자선행사를 하기로 했다. 우선 저명인사, 기업인, 유관 경제단체 싱가포르인들을 초청하여 함께 운동도 하고 저녁에는 한국의 문화예술 및 한국 기업을 소개하는 만찬행사를 마련하여 네트워크를 만들 수 있는 시간을 마련했다.

해마다 약 350명 가량의 손님을 초청하는 행사를 몇 년째 계속하고 있는데 많은 싱가포르 경제인들이 관심을 갖고 참여하고 있다. 우리 회원들도 보람을 느끼고 한국 사람의 이미지와 국위선양을 하는 데 큰 기여를 하게 되었다. 지금은 회원사들이 자진 가입하여 회비도 보내온다. 싱가포르 경제인이나 외국계 경제인들도 우리 상공

싱가포르 상공회의소 MINDS 후원금 전달식

회의소의 위상과 탄탄한 자리매김에 높은 평가를 하고 있다.

또한 상의를 국제화하기 위하여 가까운 말레이시아 한인 상의와 매년 교류를 하고 있으며, 로스앤젤레스 오렌지카운티 진주상공회의소와 자매결연을 맺어 격년으로 상호 방문하고 있다. 회원사가 400여 곳, 활발하게 참여하는 회사가 200여 개나 되니 앞으로 계속 발전할 수 있다는 자신감이 생겼다.

자선기금 후원 현황

2008년 1회 : MINDS S$ 30,000 후원

2009년 2회 : Singapore Children's Society S$ 20,000 후원

2010년 3회 : Handicaps Welfare Association S$ 20,000 후원

2010년 3회 : Singapore Life Line S$ 3,000 후원

2010년 3회 : World Vision S$ 2,000 후원

2011년 4회 : Society for the Physically Disabled S$ 20,000 후원

평화통일자문회의

이 기구는 평화통일에 관한 건의나 의견을 제시하고 자문하는 지역 대표들로 대통령이 임명하는 자문기관이다. 1993년 강장열 회장이 동남아협의회장을 맡은 적도 있다. 싱가포르에서 평화통일에 관한 간담회(6회)가 열려 자문회의 부의장 및 사무처장을 비롯하여 전

문가, 교수들이 방문하여 통일문제를 의논하고 동포사회의 의견을 청취하여 본 회의에 반영하였다.

평화통일자문회의 자문위원 임기는 2년인데 처음에는 본 회의가 서울에서 열리고 다음해는 지역에서 열린다. 나는 1993년부터 8년간 지회장을 역임하였으며, 임기 중 동남아 각 나라 위원 64명과 싱가포르 동포들과 함께 1999년 11월 26일 콘라드 호텔에서 지역회의를 개최한 바 있고, 또한 싱가포르 지회에서는 한국학교 학생들을 대상으로 통일교육 강의도 하고 통일에 관한 글짓기 대회도 열었다. 2011년 7월 임명된 15기 자문위원 15명이 싱가포르에서 활발히 활동하고 있다.

싱가포르 국제상공회의소
(SICC, Singapore International Chamber of Commerce)

이 기구는 1837년에 설립되었으며 아시아에서 가장 오래된 상공회의소이고 싱가포르에서 가장 오래된 상업조직이다. 40개 국 이상의 회원을 가지고 있으며 다민족으로 이루어져 있고, 30% 이상 싱가포르 사람들로 구성되어 있다. 특히 미국, 일본, 독일, 영국 회사들의 회원 가입이 많이 되어 있다.

업무 내용은 다음과 같다.

1. 회원 기업 경영지원을 위한 상담 및 교육 연수사업
2. 국제통상 진흥과 민간교류 확대를 위한 국제협력사업

싱가포르 국제상공회의소 이사진들. 2009

    3. 회원기업 정보화 지원 및 정보제공사업
    4. 정부, 지방 자치단체와 업계의 가교역할
    5. 상공업에 대한 정부 위탁사업

  위의 업무를 주로 하고 매월 이사회가 1회 열리며 일 년에 한 번 정기총회가 열리는데, 정기총회는 싱가포르 정재계 수뇌부가 다 모인다고 보면 된다. 현재 이사 20명으로 세계 각국의 다국적기업 CEO들로 구성되어 있고 2007년, SICC 175년의 역사에 한국인으로서 처음 이사로 선임되는 영광을 누리기노 했다.
  연 두세 번은 이사회 때, 싱가포르 정부 장관들이나 수뇌부를 초청하여 싱가포르 정책들을 듣고 또 건의도 할 수 있어 우리 문제점이나 개선요구 사항을 제안하고 반영하는 아주 좋은 단체로 많은 한국 회사들이 회원으로 가입해 활동하면 큰 도움을 받을 수 있으리라 생각한다.

싱가포르 기업연합회
(SBF, Singapore Business Federation)

싱가포르 기업연합회는 무역투자 및 산업과 관련된 싱가포르 비즈니스 커뮤니티 이익을 대변하는 단체이다. 17,000개 이상 회원사가 참여하고 있으며 싱가포르 경제에 기여하고 타국가 간의 경제협력을 추진하며 싱가포르 정부와 사기업 간의 다리 역할을 하고 있다. 무역 확장, 비즈니스 네트워킹, 양자 및 타자간의 경제 포럼으로 비즈니스 커뮤니티를 만들고, 싱가포르와 외국 정부와의 교류에 필요한 조직 및 연락처 역할을 하며, 전 세계에 싱가포르를 대변하는 민간단체이다.

또한 APEC 회의를 주관한다거나 싱가포르 무역사절단을 파견하는 역할도 하고 있는데, 회장 포함 대위원이 20명으로 구성되어 있다. 나는 2008년, Hong Leong Group 회장의 추천으로 한국인 최초로 대의원이 되었으며 SBF 대외협력 부회장으로 봉사하고 있다.

또 이 단체는 매년 한국무역협회와 파트너로 하여 한국·싱가포르 경제포럼을 서울과 싱가포르에서 교대로 개최하고 있다. 나 역시 싱가포르 대표로 참여하고 있으며, 매년 싱가포르와 한국의 교류에 조금이나마 일조를 하고 있어 보람을 느끼고 있다.

세계한인무역협회(World-OKTA)

1980년대에서 1990년대에 해외에서는 한인단체뿐만 아니라 특히 경제단체가 많았다. 세계경제인회, 세계상공인회, 교포무역인회 등 단체들이 난무하여 싱가포르에서는 단체 간 불협화음이 일어날 것 같아 대외 경제단체에는 참여하지 않기로 하여 일부 몇 사람을 제외하고 관심이 없었다.

그러나 2000년에 들어오면서 IMF 위기를 극복하고 한국 경제가 활성화되고 무역량이 늘어나 재외동포 무역이 활발해지고 재외동포의 역할이 중요해지자 정부에서도 지원을 약속하게 되었다. 일부에서 한상(韓商)이라는 이름으로 매년 한국에서 한상대회를 하면서 한국 상품의 판매촉진, 거래선 연결 등 무역량을 늘리는 데 큰 역할을 하고 있다.

그 중 World-OKTA(세계한인무역협회)는 꾸준히 체계적으로 발전하여 조직도 갖추어지고 세계적인 네트워크를 갖추어 싱가포르에도 지부가 필요하다는 생각이 들었다. 나는 스폰서가 되어 OKTA 회장단을 초청하여 2008년 4월 7일 Spring Court Rest에서 발족식을 거행했다. 초대 지회장에 박기출 현 한인회장을 임명하고 단체기와 임명장을 주어 정식으로 발족하였으나 처음 2년간은 활동이 미미하여 답보상태에 있었다. 하지만 OKTA 회장과 재단이사장이 동남아 지역에서 선출되고 박기출 씨가 수석부회장에 임명되면서 자연스레 싱가포르 조직도 갖추어지고 있다.

1984년 당시 내가 다니는 회사 김용태 회장께서 2대 World-OKTA 회장이 되었다. 싱가포르에 근무하고 있는 나에게 OKTA를 조직하라는 지시가 있었고, 곧바로 KOTRA에서 단체를 조직할 때 발기인으로 참여했지만 앞에서 말한 바와 같이 경제단체가 난무하여 싱가포르의 화목을 위해 대외단체에 활동하지 않아 자연스레 싱가포르는 경제단체 활동이 없었다.

그렇지만 지금은 네트워크 시대라 세계 한인들이 서로 돕고 거래하면서 친목을 도모하면 본인뿐만 아니라 국가 경제에도 일조할 수 있는 기회가 되어 OKTA를 다시 되살려 지부를 두게 되었다. 동포 무역인뿐만 아니라 차세대 무역인들의 교육과 교류가 활발해진다는 평가가 있어 OKTA 싱가포르지회 출범을 위해 노력한 것이 보람이 있었다.

금년에는 75개국 120개 지회가 참가하여 말레이시아 쿠알라룸푸르에서 총회를 개최하고 나를 상임고문으로 추대해 주어 개인적으로 큰 영광일 뿐만 아니라 싱가포르의 위상을 높인 결과가 되었다. 또한 지금 한인회 박기출 회장이 OKTA 수석부회장으로 일하고 있어 앞으로도 OKTA 중심에 싱가포르가 있고, 세계를 잇는 역할을 OKTA 싱가포르지회에서 활발히 할 것으로 보인다.

이원희 화백이 그린 초상화

제1부 삶의 광장

역대 다섯 대통령과의 만남

싱가포르는 나에게 있어 영광과 축복의 땅이다. 이곳에서 끝없이 노력하고, 봉사하고, 운동하고… 모든 것을 감히 성공했다고 말할 수 있는 기회를 만들어 준 곳이다. 특히 봉사할 수 있는 기회를 갖게 되고, 많은 사람들과 사귀고 인연을 맺을 수 있게 해 준 것은 나의 철학과 맞아떨어졌다.

싱가포르에서 단체장 25년 생활 동안 조국의 여러 대통령을 만날 수 있었다는 것은 싱가포르가 우리나라와 중요한 파트너임을 알려주는 것이다. 처음 만난 분은 제12대 전두환 대통령으로 싱가포르를 방문했을 때 나는 한인회장을 맡고 있었다.

그때 정기옥 대사(10대 싱가포르 대사, 1998년 부임)의 배려로, 전두환 대통령이 리콴유 수상의 초청으로 처음 싱가포르를 방문했을 때 리콴유 수상과 골프를 쳤던 추억을 되새기며 같은 코스에서 게임을 하고 싶다고 하여, 대통령 부부와 우리 부부가 SICC SIME COURSE에서 라운딩을 했다. 18홀을 라운드 하는 동안 느낀 것은 내가 가지고 있던 대통령 부부에 대한 선입견과 엄청난 차이가 있었다. 신문이나 방송에서 들어보지 못한 따뜻한 인간성을 느낄 수 있었고, 강직하고 무서운 사람인 줄 알았는데 무척 자상하고 배려할 줄 아는 식견이 높은 분이었다.

특히 나에게도 거리낌 없이 직접 전화를 하고 내가 서울 가는 스케줄까지 챙겨 집으로 초대한 적이 한두 번이 아니었다. 1998년 3월 즈음 서울에 도착하여 회사일을 보고 집으로 돌아왔더니, 연희동에서 어떤 분이 전화를 하셨다는 메시지를 받았다. 전화를 해 달라고 했다는 둘째딸의 말을 듣고 전화를 거니, 서울 출장 기간 중 우리 부부를 사저로 초청하고 싶다면서 오전에 전화 받은 사람이 누구냐고 물으셨다. 대학에 다니고 있는 둘째딸이라 했더니 함께 데려오라고 하여 같이 가자고 딸에게 자초지종 설명을 했다. 그런데 광주사태에 대한 책을 읽어 보았는지 한사코 안 가겠다고 하여 수업이 있다고 적당히 돌려 변명하였다. 그랬더니 수업이 끝나는 시간에 차를 보내 줄 테니 같이 오라고 하여 딸과 대통령 사이에서 어찌할 바를 몰랐던 적이 있었다.

실제로 며칠 후 서울대학교 강의실까지 차를 보내 주었고, 마침 한강다리를 지나갈 때 퇴근시간으로 차가 막혀 연희동에 7시가 넘어 도착하였는데 그때까지 저녁을 드시지 않고 기다리고 있어 송구스러워 어찌할 바를 몰라 당황한 적이 있었다. 그러나 저녁을 끝내고 둘째딸에게 북한문제, 일본관계 등을 얘기하는 것을 보고 자상한 할아버지가 손녀에게 역사공부를 시키시는 것 같아 우리 부부는 감동을 받았다.

　그날 이후 둘째딸은 자주 오라는 대통령의 말씀을 듣고 자꾸 가자고 졸라 그 후에도 몇 번 방문하였다. 특히 2007년 7월 딸 결혼식에는 싱가포르에서 오래 살았으니 한국에는 하객이 많지 않을 거라며 하객을 20여 명 데리고 오시겠다고 하여 적잖이 당황했으나, 정말 함께 오시어 결혼식을 빛내 주시고 끝까지 자리를 지켜 주신 내외분에게 지금도 감사한 마음을 가지고 있다. 물론 그 후에도 말레이시아 왕의 초청으로 오셨을 때 우리 가족을 말레이시아로 불러 골프도 같이 하고 행사에도 같이 참석할 수 있도록 배려해 주어 즐거운 시간을 가진 적이 있다.

　당시 골프 경기에서 버디를 잡았을 때 어린애처럼 좋아하시는 모습이 아직도 눈에 선하다. 그리고 늘 국산채를 사용하셨는데, "내가 써야 국산채가 팔리지 않겠느냐"며 나에게도 국산채를 사용해 보라고 권유하는 모습을 보고 국가 사랑이 특별한 분이라는 것을 느꼈다.

　다음으로 김영삼 대통령의 싱가포르 국빈 방문 때 동포 초청 환영식에서 내가 환영사를 하던 중 건의사항을 받아 주시겠다며 요청하여 싱가포르 동포 자녀들의 군대 면제 문제를 건의한 바 있었으나 군 입대 문제는 그 후에도 해결되지 않았다. 대통령과 대화하는 동안 통이 큰 대통령이구나 하는 느낌은 받았으나 자상하지 않다는 인상을 갖게 되었다. 물론 청와대 초청에서도 몇 번 뵐 기회가 있었지만 크게 기억에 남는 일은 없다.

　그 후 김대중 대통령이 싱가포르를 방문하였을 때도 한인회장으로 내가 환영사를 하였고 똑같이 건의사항을 말씀드렸더니 열심히 듣고 정부에서 해결해 보겠다는 말씀을 하셨다. 그 후 회신까지 보

싱가포르를 방문한 김대중 대통령 내외분과 함께

이명박 대통령과 싱가포르 상공인 간담회에서

내 주었으나 여전히 군대 문제 해결에는 별 도움이 없었다. 그러고 나서 청와대를 방문할 기회가 있었는데 싱가포르에서 환영해 주어 고맙다는 답례를 따로 하시어 자상하다는 느낌을 받았다. 전체적으로 풍기는 인상은 '매우 영리하고 주도면밀한 분이시구나' 하는 느낌이 지금도 남아 있다.

노무현 대통령이 싱가포르를 방문하였을 때는 동포 간담회에서 뵈었는데, 매우 서민적이면서 친화력이 있고 말을 쉽게 잘 하는 분으로 기억되기는 하지만 크게 남아 있는 것은 없다.

이명박 대통령은 현대건설 CEO, 국회의원 시절 등 싱가포르를 여러 번 방문하여 몇 번 만찬을 같이 할 기회가 있었다. 그리고 대통령이 되어 싱가포르에 오셨을 때 상공인 간담회에서 나에게, 옛날에도 회장을 하고 있었는데 아직도 회장을 하느냐고 농담을 한 적이 있다. 이 대통령은 과단성이 있고 명석하다는 생각이 들었다. 국회의원 시절 이회창, 김만제 씨 등과 만찬을 할 때 르네상스에 대한 논제가 있었는데 명쾌한 의견을 개진하는 것을 보고 아는 것이 많은 분이구나 하는 인상이 지금도 남아 있다.

어쨌든 국가 통수권자들을 많이 만나고 식사를 같이 했다는 것은 더없이 영광이었으며 싱가포르에서 단체장을 하면서 만난 분들이라 내 나름대로 보고, 듣고, 느낀 것만으로 나의 사회생활에 귀감이 되었다고 생각한다. 좀 더 상세하게 기술하고 싶었으나 그분들에 관한 글을 쓴다는 것이 옳지 않은 것 같아 간단하게만 언급했다. 하지만, 모두 대단한 철학을 가지고 계신 분들이었다.

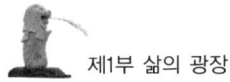 제1부 삶의 광장

세계의 대통령
반기문 유엔 사무총장

• •
•

　　　　　　　　나는 평소에 반기문 유엔 사무총장을 세계의 대통령이라고 생각하여 왔다. United Nation(UN)은 전쟁방지와 평화유지를 위해 설립된 국제기구이며, 모든 분야에서 국제협력을 증진하는 역할을 하고 있다. 이런 국제기구에 수장이 된다는 것은 한없이 존경스럽고 자랑스러운 일이 아닐 수 없다.

　나는 사실 반기문 총장께서 사무총장 후보에 오를 때부터 관심을 갖고 있었다. 그런데 후보로서 세계 각국을 방문하게 되었을 때 싱가포르에 오신다는 소식을 듣고 Channel News Asia 앵커로 있는 큰아이에게 취재를 해 보라고 제의했다.

　다음날 방송국의 허가를 얻어 첫 인터뷰를 하고 프라임 타임에 방송을 내보냈다. 그것을 계기로 유엔 사무총장이 되신 후 아시아 기자로서는 처음으로 뉴욕 유엔 사무총장실에서 취임 인터뷰를 하는 영광스런 기회도 갖게 되었다.

그리고 지난해 유엔 사무총장 2기 연임이 결정되고 난 후에도 큰아이는 뉴욕으로 가서 1박2일 동행 취재를 하는 기회를 얻어 30분 분량의 기사를 아시아 전역에 방송하여 큰 성과를 거두었다.

나는 큰아이가 총장님을 동행 취재하면서 느낀 얘기를 듣기도 하고 방송을 시청하면서 그분에 대해 알고 있었지만, 지난달 싱가포르에 오셔서 총장님 내외분을 모시고 오준 싱가포르 한국대사 부부와 만찬을 가질 기회가 있어 직접 대화를 나눠 보니, 이 분은 유엔 사무총장을 하기 위해 태어나신 분이구나 하고 느꼈다.

우선 외교 경험이 풍부하고 무척 부지런하시며 수면을 세 시간 정도 취하고도 일과에 지장이 없다고 한다. 또 그 많은 해외 방문 일정 중 비행기를 타고 다녀도 시차에 잘 적응하는 체력과 정신력, 그리고 가시는 곳곳마다 이어지는 연설과 회의에서도 절대 실수하지 않는 정확성 등은 타고나지 않으면 불가능한 일일 것이다.

두 시간의 만찬 동안 총장님이 주로 얘기를 하셨는데, 목소리 톤의 높낮이가 한결같아 말씀하실 때 에너지 소모가 없어 보일 정도로 차분하셨다. 이것 또한 직책과 어울리는구나 하고 느꼈다. 그리고 총장님이 한국에서 배우고 경험한 일상이 세계에서도 통한다는 것은 한국이 그만큼 글로벌 스탠다드(Global standard)가 되어 있다고 몸소 증명하신 것이기에, 나는 한국인의 위상을 다시 한 번 생각하게 되었다.

앞으로도 세계 평화를 위해 노력해 주시고 길이길이 남을 업적을 남기시길 바라면서 건강하시길 기원한다.

큰아이가 아시아 기자로서는 처음으로 반기문 유엔 사무총장을 인터뷰했다.

싱가포르를 방문한 반기문 유엔 사무총장 내외분과 함께

제2부
사색의 광장

급속하게 변하는 사회의 흐름에 따라 모든 것을 신중하게, 결과를 예상하며 선택해야만 하는 더 이상 단순할 수 없는 바쁜 세상을 살아가면서, 현실에 얽매어 마음의 여유를 잃게 되고 세상의 걱정거리로 마음의 문도 좁아지게 마련이다. 나이가 들수록 삶이란 혼자가 아닌 더불어 사는 것을 깨닫게 되면서 타인의 눈치를 보게 되고 가끔은 하고 싶은 행동도 절제당하는… 즉 자유를 잃게 된다.

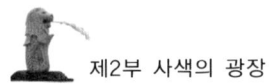
제2부 사색의 광장

『한누리』
첫장을 넘기며

1992년, 싱가포르 한인회가 창립한 지 30년이 다 되어 가고 있는데 그동안 한인회의 기록을 체계적으로 정리하지 못해 안타까움이 컸었다. 그래서 당시 한인회 안동진 회장과 상의하여 한인회보를 만들기로 하고 봄, 여름, 가을, 겨울 계간지를 발간하게 되었다.

그렇게 탄생한 『한누리』는 2005년 격월간지로, 2008년 월간지로 거듭 발전하여 2011년 7월 100호를 발간하기에 이르렀다. 『한누리』의 권두언인 '첫장을 넘기며'를 매호 정성껏 썼던 기억이 지금도 생생하다. 이제는 싱가포르 한인사회의 충실한 기록이 되고 있는 『한누리』의 성장을 지켜보면서 창간자로서 뿌듯하기 이를 데 없다.

한인회장 재임 시절 『한누리』 2~32호(1993년 봄~2000년 겨울)에 게재하였던 '첫장을 넘기며'를 소개한다.

흩어진 힘과 실력을 모아
공동의 선과 이익을 추구할 때

친애하는 싱가포르 한인회원 여러분!

희망찬 1993년 계유년을 맞이하여 여러분과 여러분의 가정에 건강과 행운이 함께 하기를 기원합니다. 올해도 국내외적으로 많은 변화가 예상됩니다. '신한국 건설'을 표방하는 새 정부가 들어서서 온 국민에게 희망과 기대감을 불러일으키는 데 반해 '강력한 미국 건설'을 외치는 신임 미국 대통령의 자국보호정책이 우리 앞길을 불안하게 하고 있습니다.

그러나 국민의 강력한 지지로 탄생한 조국의 문민정부는 '안정 속의 성장'이라는 기치 아래, 오랜 기간 수렁의 늪에서 헤어나지 못한 우리 경제를 회생시키기 위하여 새로운 비방의 정책들을 수립하고 온 국민의 적극적인 협력을 요청하고 있습니다.

30여 년의 격동기 속에서 꾸준히 성장해 온 우리 싱가포르 한인사회도 여기에 발맞추어 새로운 변화에 적극적으로 대처해 나가야 할 것입니다.

각자의 업무와 생활에 충실할 뿐만 아니라 한인 공동체가 지향하는 바를 성취하기 위해 최선의 노력을 경주해야 하겠습니다. 흩어진 힘과 실력을 모아 공동의 선과 이익을 추구하는 지혜를 발휘해야 할 때입니다.

무엇보다도 우리의 취약점이었던 2세 교육문제를 해결하기 위하여 세워진 한국학교가 우리 모두의 관심과 사랑 가운데 성장 발전해

『한누리』 창간호와 100호 기념호 표지

나가야 하겠습니다.

  이제 2호를 내놓는 『한누리』도 싱가포르 한인회를 대변하는 알찬 대화의 장이 되어 한인회의 단결과 발전에 기여하는 우리 모두의 회지가 되어야 하겠습니다. 여러분의 적극적인 참여와 성원을 바라며 보람찬 한 해가 되기를 기원합니다.

1993. 4. 1. 봄

적극적인 참여로 한인사회의 단합된 힘을

지난 몇 달 동안 고국에서는 구습을 청산하기 위한 사정 바람으로 떠들썩했지만, 해마다 계절은 어김없이 찾아와 고국의 산하는 온통 초록의 숨결이 일렁이고 있습니다. 신한국 창조로 사회 전반이 밝아 오는 가시적인 효과로 우리 조국에 밝은 미래가 있다는 희망과 확신이 저희 싱가포르 한인회에까지 번져 회원 여러분의 생활도 많이 바뀐 것 같습니다.

2세 교육문제에 대한 많은 토론 끝에 한인회에서는 그동안 잠정적으로 일부 휴교했던 토요 한글학교 1학년에서 4학년까지 과정을 지난 7월 3일 개설하였고, 침체되어 왔던 문화행사의 활성화를 위해 주부백일장을 개최, 큰 호응을 얻은 바 있습니다. 한인회를 중심으로 활발히 진행되어 가고 있는 이러한 행사에 회원 여러분이 적극 참여하여 뜻깊은 해외생활을 하시기 바랍니다.

이제 먼 이국땅에서도 국적 있는 교육을 받으며 씩씩하게 뛰어노는 자녀들이 믿음직한 대한의 아들딸로 성장해 나갈 수 있도록 격려해 주시고, 한국학교를 선택하신 학부모님을 실망시키지 않기 위하여 한인회도 한국학교가 자녀교육에 최선을 다할 수 있도록 최대한 지원할 것입니다.

앞으로 한인사회의 단합된 힘을 보여 주게 될 체육대회와 한인회 총회 및 송년회 등 굵직굵직한 행사가 계획되어 있습니다. 적극 참여하여 싱가포르 한인사회가 더욱 곧고 튼튼한 뿌리를 내릴 수 있도록 협조해 주시기를 당부하는 바입니다.   1993. 8. 15. 여름

공동체적 결속과 노력 다한 값진 한 해

30년 만에 처음 우리 손으로 세운 문민정부가 탄생한 1993년. 이 뜻깊은 한 해를 돌이켜보면 한인회 모든 행사 하나하나, 모든 움직임 하나하나도 조국의 개혁과 변화에 호응, 세계로 향한 한국 경제 발전 기지의 중요한 역할을 감당해 내기 위한 우리 나름대로의 공동체적 결속과 노력을 다한 값진 한 해였습니다.

우리 싱가포르 한인사회의 숙원이었던 한국학교의 완전한 설립을 매듭짓는 작업의 일환으로 학교 재단법인을 설립, 이제 한국학교는 명실공히 한인회에서 독립하여 자체 운영하게 되었습니다. 따라서 초등학교 5학년 과정까지는 현재 100여 명의 정규학생이 학교 운동장에서 뛰어놀며 공부할 수 있게 되었고, 토요 한글학교는 예전과 같이 한인회에서 초·중등부는 물론 고등부를 신설하여 직접 운영, 350여 명의 한인 2세들에게 한글 및 우리 문화와 역사를 가르치게 되었습니다.

또한 회원들의 폭넓은 참여를 목표로 지난 6월 26일 주부백일장을 개최하여 주부들의 참여와 잠재능력을 계발할 수 있는 계기를 마련하였으며, 새로 싱가포르에 오는 신입회원들을 위해서는 싱가포르 생활안내 책자를 발간, 싱가포르 정착에 따른 불편을 최소화하도록 하였습니다.

이와 더불어 『한누리』 계간지 발간을 보다 전문화하고 생활정보지로 발전시켜 회원 상호간의 정보 교환과 공동체 의식 고취를 위해 노력하였습니다.

지난 10월 2일에는 Toa Payoh Stadium에서 주재 상사로부터 일체의 상품 기부 없이 자체 프로그램과 예산으로 검소하게 화합의 장을 가졌으며, 이번 12월 9일에 열리는 한인 정기총회 및 송년회도 고국의 연예인들을 초청, 의미있는 행사로 만들었습니다.

밝아오는 94년에는 매 분기마다 유명인사 초청 강연회 및 세미나를 개최하여 여러 가지 문제들에 현실감 있게 대처할 수 있는 계기를 마련함은 물론, 그 어느 때보다도 절실한 민족통일의식 고취의 일환으로 6·25 웅변대회와 통일문제 세미나 등을 개최할 예정입니다. 그리고 내년에는 한인회 자체 사무실을 가질 수 있도록 예산 확보에 최선을 다해 노력할 것입니다.

고국은 지금 하얀 눈이 내리는 아름다운 겨울 속에 포근히 잠겨 있습니다. 그 고운 눈을 바라보며 우리를 그리워하고 계실 부모형제, 친지, 친구들을 한 번쯤 눈을 감고 생각합시다. 그리고 조용히, 조국을 위해 무엇을 할 것인지 생각하며 한 해를 마무리합시다.

부디 다가오는 94년 새해에는 여러분 모두의 가정에 평안과 만복이 깃들고, 하시는 모든 일들이 일취월장하시기를 기원합니다.

1993. 12. 1. 겨울

자랑스러운 한인사회를 재조명하는 『한누리』

　1992년 12월, 명실공히 한인들 간의 소식 및 유익한 정보교환, 그리고 한인사회의 의견 수렴을 위해 발간하기 시작한 『한누리』가 이제 첫돌을 맞이하게 되었습니다.

　그동안 『한누리』가 유익하고 알찬 내용으로 한인회원들과 만날 수 있었던 것은 숨은 봉사정신과 그 뒤에서 물심양면으로 끊임없는 관심과 성원으로 지원을 아끼지 않은 주 싱가포르 대사관 및 각 기업체, 그리고 무엇보다도 한인회원 여러분의 적극적인 참여가 있었기 때문입니다. 이에 다시 한 번 진심으로 감사드리는 바입니다.

　이러한 성원에 힘입어 지난해에 처음으로 주부백일장을 개최, 문화의 장을 마련하였으며, 그동안 발행되어 온 『한누리』를 바탕으로 한인회에서는 싱가포르에 관한 상세한 정보를 수록한 생활정보지를 발간, 또다시 회원들로부터 호평을 받았습니다. 이제 자리를 잡기 시작한 『한누리』는 앞으로도 계속 회원 여러분의 유익한 회지가 되도록 노력하겠습니다.

　특히 금년에는 보다 새롭고 알찬 기획으로 더욱더 회원 여러분과 가까워질 수 있도록 할 것이며, 어디에 내놓아도 손색이 없는 싱가포르 한인사회를 재조명하겠습니다.

　금년 상반기에는 전통 국악인을 초청, 국악의 밤을 4월 중 기획하고 있고, '제2회 주부백일장'을 비롯한 많은 문화행사를 적극적으로 개최하여 회원들이 싱가포르에서도 전통적인 한국문화의 뿌리를 내릴 수 있도록 노력하겠습니다.

  수많은 줄기의 시냇물이 모여 큰 바다를 이루듯, 한인회원들의 광고 하나하나, 원고 한 장 한 장이 모여 비로소 『한누리』가 탄생되는 것입니다. 올해도 『한누리』가 좋은 열매를 맺을 수 있도록 아낌없는 성원 부탁드립니다.

1994. 3. 30. 봄

즐거움과 기쁨을 배로 나누는 자리

　사업을 핑계삼아 다녀온 나의 조국, 나의 고향, 그리고 지리산.
　나의 고향이 기대어 있는 지리산을 바라보며 항상 그 초록 환경 속에서 살아왔는데, 초여름의 연초록빛은 보석에 가깝도록 눈이 부시고 지나가는 바람에 실린 꽃향기는 변함없이 그곳에 머물러 있어 한동안 잊어버렸던 계절을 느끼게 해 주었습니다.
　결국은 돌아가야 할 내 고향, 내 조국이 늘 그 자리에 있듯이, 매년 이맘때면 더위로 잠을 설쳤던 이곳 싱가포르의 날씨는 시도 때도 없이 비가 내리는가 하면, 서늘한 기운에 얇은 이불까지 찾을 만큼 예년과는 다른 모습을 보이고 있습니다.

　2~3년 전만 해도 생활의 활력소가 되어 심신을 단련하며 골프를 즐기던 아쉬움이 가족끼리의 만남으로 이어져 해외생활의 어려움을 한껏 잊던 때가 있었습니다.
　그러나 싱가포르 골프모임도 국내 개혁 바람에 자제하는 탓인지, 아니면 지난해부터 골프장의 그린피가 한 번 출장하는 데 쌀 한 가마니값으로 오르고 예약도 어려워져 그것조차 만남의 기회가 줄어들고 낯선 얼굴이 많아지게 되어 외로움을 느끼는 분들이 주위에 늘어나고 있는 것 같습니다.
　오랜 해외생활로 이러한 변화가 너 빨리 피부 깊숙이 스며드는 나이기에 혹여 회원들이 한자리에 모일 수 있는 기회를 자주 마련한다면 예전처럼 정과 안부를 나누고 해외생활의 어려움에도 쉽게 적응할 수 있지 않을까 생각합니다.

　회원 여러분이 서로 자주 만나 즐거운 시간을 가질 수 있도록 뜻깊은 행사를 기획하고 실행에 옮기려 하고 있습니다. 관객 없는 무대가 있을 수 없듯이 이런 만남의 자리에는 늘 한인회원들로 초만원을 이루었으면 합니다.

　아무쪼록 한인회가 마련하는 자리마다 오셔서 즐거움과 기쁨을 배로 나누시기 바랍니다.

1994. 6. 30. 여름

한국인의 참모습

제가 한국을 떠나와 홍콩 주재원 5년을 거쳐 이곳 싱가포르에 온 때가 지난 1981년. 어느새 14년의 세월이 흘렀습니다. 그동안 참 열심히 살아왔다고 스스로도 자부할 수 있는 것은 저만을 바라보고 의지하며 사는 가족들에게 올바른 가장의 모습을 보여야 한다는 당위성도 있었겠지만, 무엇보다도 먼 타국에 나와 한국인으로서의 성실하고 바른 모습을 보여 주어야 한다는 그 어떤 사명감이 있었기 때문이 아닌가 합니다.

오랜 세월이 지난 지금도 더욱이 한인회장 자리를 맡아 일해 오다 보니 한국인의 위상에 더욱 신경을 쓰고 있는 제 자신을 발견하게 됩니다.

얼마전 미국 청소년 Michael Fey*의 Vandalism이 언론 지상에서 주목을 받은 것을 기억할 것입니다. 이를 본 전 세계 사람들은 이 청소년의 행위에 앞서 미국이란 나라에 대해 한 번쯤은 생각을 했을 것이라 추측됩니다.

우리의 경우도 마찬가지일 것입니다. 만약 우리가 이곳에서 서로 싸우고 헐뜯으며, 법을 어기고 불손하며, 성실하지 않은 방탕한 생활을 한다면 어떻겠습니까? 세계 여러 민족이 모여 있는 이곳 싱가포르에서 우리를 보는 눈초리는 결코 곱지 않을 것이며, 이는 곧 해외에서의 우리 생활을 단축시키고, 국제무대에서의 고립으로 이어질 것입니다. 왜냐하면 세계는 사람들을 통해 그 나라를 보기 때문입니다.

우리 자신이 바로 '작은 한국'입니다. 작지만 결코 작은 모습만 보여 주어서는 안 되는 '우리'입니다.

북한의 김일성 사망, 핵문제 등으로 우리나라는 어느 때보다도 위기의식이 팽배해져 있으며 세계는 근심어린 눈으로 한국을 지켜보고 있습니다. 이럴 때일수록 외국에 나와 있는 우리가 더욱 바른 한국인의 모습을 보여 주어야 하리라 생각합니다.

허황되지 않게 근면하고 바르고 성실하게 살아가고 있는 자랑스러운 한국인의 모습을 바로 '우리'가 지속적으로 보여 준다면, 이는 곧 대한민국에 대한 신뢰를 쌓아가는 지름길이 될 것이라 믿어 의심치 않습니다.

1994. 9. 30. 가을

Michael Fey의 Vandalism

1993년 13세의 미국 소년 Michael Peter Fey로 인해 싱가포르와 미국의 심각한 외교 마찰뿐 아니라 전 세계에 싱가포르의 태형(笞刑)에 대한 논란이 일었다. 차량을 파손한 미국 소년에게 싱가포르 정부가 법에 의해 태형을 가하기로 하자 미국 클린턴 대통령까지 나서서 사면을 요구했으나 싱가포르는 이를 거절하고 형을 집행(6대에서 4대로 감형)했다.

미국은 '독재국가에서 자행된 비인간적 형벌'이라고 비난했지만 싱가포르는 '다른 나라의 법집행을 놓고 가타부타하는 것은 내정간섭'이라고 맞섰다. 미국에서는 베트남전 이후 아시아에서 당한 최고의 굴욕이라며 분개했지만, 싱가포르는 초강대국 미국과의 대결에서 자국의 법제도를 당당히 지켜내며 세계 어느 나라도 얕잡아 볼 수 없는 싱가포르의 자존심을 보여 준 사건이었다.

행운은 포기하지 않는 자에게 온다

저물어 가는 1994년은 조국이 역사의 전환점에서 희망적이면서도 약간은 불안했던 다사다난한 한 해였다고 생각합니다.

이제 우리는 새로운 시대를 열어야 하고 또 열 수 있는 시점에 놓여 있다고 사료됩니다.

이 시대는 새로운 사고와 행동이 필요하고 정의와 실천의 용기를 가진 사람들이 요구됩니다. 조국과는 달리 이곳 해외생활에서는 조용히 꾸준히 노력하면서 결코 포기하지 않는 용기가 필요합니다.

어느 책인가 '마음의 글'에서 읽은 것이 생각납니다. 헤밍웨이의 『노인과 바다』 중 일부분입니다.

"그는 멕시코 만류에 조각배를 띄우고 혼자 고기잡이를 하는 노인이었습니다. 84일간을 바다에 나갔지만 한 마리 고기도 낚지 못했습니다. 그 지독한 불운을 딛고 노인은 다시 85일째 되는 날 새벽, 더 멀리 바다를 향해 조각배를 띄우면서 어딘가에 자신이 잡을 커다란 고기가 분명히 있을 것이라는 믿음을 포기하지 않았습니다. 마침내 85일째 되는 날 정오에 노인은 자신이 찾아다니던 큰 고기를 잡았습니다."

이처럼 인생에 있어서도 행운은 포기하지 않은 자에게만 찾아옵니다. 이 글은, 특히 작으면서 꽉 짜여진 여건 속에 살고 있는 우리 싱가포르 한인 여러분에게 새겨 둘 만한 이야기인 것 같습니다.

어느덧 이 해의 마지막 장을 넘겨야 할 때입니다.

우리 모두 1995년을 맞이하면서 지난날을 차분히 돌이켜보며 새로운 한 해를 어떻게 맞이할 것인가 진지하게 생각해 봅시다.

끝으로 일 년 동안 협조와 지원을 아끼지 않으신 회원 여러분께 깊이 감사드리며, 다가오는 새해엔 여러분의 가정에 행운이 함께 하시길 기원합니다.

1994. 11. 30. 겨울

더불어 사는 싱가포르 한인회

새해 들어 지구촌 곳곳에서 여러 재난들이 일어나고 있는 가운데 환경파괴에 대한 신의 노여움인지, 최첨단 기술로 신에 도전하는 인간의 욕망에 대한 질책인지, 한 번쯤 우리 주변을 돌아보아야 할 때인 것 같습니다.

지난 1월에 있었던 일본 고베* 지역의 재난을 방송매체를 통하여 보고 난 후 저는 두 가지 느낌을 받았습니다.

첫째, 모든 게 파괴되어 없어진 절박한 상황에서도 생필품의 매점매석이 없고, 급수차 앞에서도 질서정연하게 줄을 서서 한 통 이상 물을 받아가지 않는 주민들을 보고, 절박한 상황 속에서도 남을 위하여 자제할 줄 아는 일본인의 국민성과 질서의식은 놀라움을 넘어 부끄러움과 두려움마저 들게 했습니다.

둘째, 그곳에 살고 있는 우리 동포들의 재난은 한층 더 우리 가슴을 아프게 했습니다.

일제 때 징용에 끌려가 모진 학대와 온갖 수모와 부당한 대우를 받으면서도 꿋꿋이 고난을 극복하여 이루어 놓은 모든 재산을 하루아침에 잃어버리고 회한의 세월을 돌이키며 울부짖는 동포들의 모습, 그들 중에는 일본 정부의 지원은 물론이고 한국 정부나 민간단체(한인회)에도 등록되지 않아 큰 어려움을 겪고 있는 분들이 많아서 더욱 안타까웠습니다.

쿠웨이트 사태* 때 우리 동포들, LA 폭동*과 지진으로 고난을 겪은 동포들의 모습이 다시금 떠올랐습니다. 때문에 저는 이곳 한인사회의 권익을 보호하기 위하여 한인들의 실상을 빠짐없이 파악하고자 합니다.

뿐만 아니라 고국의 지방자치제 실시에 따른 각 지방단체 출신의 인원 파악 요청 및 해외주재 전문위원 추천 의뢰가 많이 접수되고 있습니다. 정치, 경제, 문화, 예술 분야의 각종 행사가 금년에도 15번 정도 예정되어 있어 적극적인 참여와 협력하는 의미에서 한인회에 아직 가입되지 않은 분들은 꼭 등록하여 주시기를 이 기회를 통하여 다시 한 번 부탁드립니다.

지금 싱가포르에는 한국의 대기업들이 속속 해외본부를 설치하고 있으며 이에 따라 주재원들의 싱가포르 거주가 늘어나고 있습니다. 이러한 시점에서 이들 회사, 특히 회사 중역들은 기업의 발전뿐만 아니라 우리 국민, 우리나라의 현지 위상 정립을 위하여 참여와 지원을 아끼지 말아야겠으며 이 사회의 일원으로서, 지도자로서의 역량을 십분 발휘해 주시기 바랍니다.

끝으로 지금 고국에는 더불어 사는 사회를 실현해 나가기 위한 참교육의 바람이 불고 있습니다. 어느 해외동포 사회에서도 볼 수 없는 모범적인 이곳 싱가포르 한인사회는 사랑을 바탕으로 서로 돕고 봉사하며 모두가 적극 참여하는 아름다운 한국적 전통을 계속 지켜 나가길 바랍니다.

1995. 3. 31. 봄

일본 고베 지진

1995년 1월 17일 효고 현의 아와지 섬 북쪽을 진원지로 리히터 규모 7.2의 지진이 발생하였다. 지진의 진원지가 지표면으로부터 겨우 15km 아래에서 발생하여 지진 가속도가 생성되면서 격렬한 지각운동으로 도시 교외의 일본 전통 가옥이 무너지고 화재가 발생하면서 많은 사망자가 발생하였다. 이 지진으로 한신 고속도로의 상판이 무너져 500m 이상 쓰러졌고, 고베 항만이 파괴되어 복구에만 2년이 걸렸다. 6,434명 사망, 실종 3명, 43,792명 부상, 104,906채의 주택 전파 등 재산 피해 약 10조 엔(당시 일본 GDP의 2.5%에 해당)의 엄청난 피해를 입었고 이 지역에 살던 한인동포도 500여 명이 희생되었다.

쿠웨이트 사태

이라크가 1990년 8월 2일부터 4일까지 쿠웨이트를 침공하면서 일어난 전쟁이다. 이라크는 쿠웨이트가 과거 이라크의 영토였다며 침공을 감행한 것이다. 이라크군은 8월 2일 새벽 2시 쿠웨이트 국경을 돌파, 침공을 개시했으며 쿠웨이트 시를 점령했다. 이라크군이 쿠웨이트 시를 점령하자 자베르 3세 국왕과 왕족들은 사우디아라비아로 망명했으며, 8월 8일 이라크가 쿠웨이트 합병을 선언했으나 국제연합안전보장이사회(UNSC)가 이를 무효로 선언했으며 이라크산 석유 수입과 대 이라크 교역 활동을 금지하는 내용의 결의안을 통과했다. 이에 반발한 사담 후세인이 항전을 계속하자 미국, 영국, 프랑스, 러시아 등 30여 개국이 UN 결의와 미국의 주도로 다국적군을 결성해 쿠웨이트를 지원하여 1차 걸프전쟁(1990. 8. 2~1991. 2. 28)으로 확전되었다.

LA 폭동

1992년 4월 29일부터 5월 4일에 발생한 미국 내 한국계 이민자와 흑인 간의 갈등이 물리적 사태로 확산된 유혈사태이다. 1991년 3월 3일 LA에서 몇 명의 백인 교통경찰관이 과속으로 질주하는 흑인 운전자 Rodney King을 집단 구타하여 흑인사회는 흥분하였고, 3월 16일 한국계 미국인 두순자가 운영하는 상점에서 캔음료를 절취한 것으로 오해를 받은 흑인 소녀 Latasha Harlins가 총격에 의해 사망하는 사건이 발생하였다. 그러나 사법부에서 두순자에게 집행유예와 400시간의 사회봉사명령을 선고하자 흑인 사회에서는 형량이 너무 적다는 불만이 팽배해져 1992년 4월 29일부터 코리아타운을 중심으로 약탈과 방화가 일어나 치안 부재의 무법천지가 되었다. 5월 1일 캘리포니아 주방위군에 의해 폭동이 진압될 때까지 이 사건으로 50~60여 명이 살해당하고 100여 명 이상의 부상자가 발생했으며, LA 코리아타운의 90%가 파괴되었다.

미래를 준비하는 민족이 세계를 지배

올해로 광복 반세기를 맞이하게 되었습니다. 해방둥이로 태어난 사람들이 지명(知命)의 나이인 50이 넘었습니다. 그동안 우리는 참으로 많은 역사를 살아왔습니다.

50년 전 우리에게는 아무것도 없었습니다. 다시 말하면 일본 식민통치와 6·25전쟁으로 국토가 모두 황폐화되었습니다만 우리 국민은 무한한 성취욕으로 열심히 일하고 노력한 결과 오늘의 경제 부흥을 이룩하게 된 것입니다.

그러나 21세기 문턱에서 전개되는 세계적인 변화는 개방화·국제화·세계화의 물결에 휩쓸리고 있습니다. 그 거센 격랑의 와중에서 어떻게 살아남느냐 하는 문제는 지금 모든 국가의 생존 전략이 되고 있습니다. 경쟁에서 뒤지면 단순한 낙오자로 처지는 것이 아니라 국가로서의 생존 자체가 위태로울 수밖에 없습니다.

따라서 지금 세계는 자국의 이익을 위해 열심히 뛰고 있습니다. 그래서 우리는 우리 이익을 위해 뛰지 않으면 안 됩니다. 국가 이익은 바로 국민의 이익입니다. 국가 이익이 없이는 국민 개개인의 이익도 얻어질 수가 없습니다. 이런 의미에서 지금 우리에게 중요한 것은 세계 무대와 역사의 먼 앞날을 바라볼 수 있는 국민들의 역사적 안목입니다.

미래를 준비하는 민족은 세계를 지배할 수 있을 것입니다.

1995. 6. 30. 여름

'나' 아닌 '우리'로 거듭나자

지난 6월 선거 이후 국내에선 지방자치시대의 새 장을 열면서 '잘 해보겠다'는 의지가 넘친 나머지 각종 지역이기주의가 팽배해져 있고, 정치권에서도 '나'만의 실리를 앞세워 탈당에 탈당을 거듭하는 등 아직까지도 시행착오가 계속되고 있습니다.

이러한 모든 문제들은 '나'만 있고 '너'도 '우리'도 없다는 인식에서 비롯되고 있습니다. 나만의 이득, 남은 어찌되어도 상관없다는 인식의 결과를 우린 이미 삼풍백화점 붕괴사고*로 지켜보고 확인했습니다. 한편으로는 광복 50주년을 맞이하여(조선총독부 건물 철거* 등) 치욕스런 일제 치하의 잔재를 없앰으로써 이를 새로운 역사의 전환점으로 삼고, 온 국민이 더욱 단합된 모습으로 변모하여 선진국민으로 당당히 서고자 하고 있습니다.

정치, 경제, 사회 모든 분야에서 선진국으로의 도약을 위한 시험대에 오른 이상 이제 우리는 최선의 역주를 하지 않으면 안 되게 되었습니다. 한국은 다시 태어나야 하며 그 안의 한국인도 이제 어제의 우리여선 안 됩니다. 분열되고, 이기적이고, 폐쇄적이었던 과거를 청산하고 세계화의 물결에 동참할 수 있는 보다 적극적이고 능동적이며 단합된 우리가 되어야겠습니다.

거듭 태어나는 한국. 그 작은 한국을 이루며 살아가는 해외동포도 예외일 수 없습니다. 세계 각국에 뿌리내리고 있는 한인사회도 이런 때일수록 세계화의 선봉장으로서 한인회를 중심으로 더욱 단합하여 자랑스런 선진한국 국민의 모습을 보여 주어야 하겠습니다.

오곡백과가 탐스럽게 영그는 결실의 계절이 조국 강산 곳곳에 머물고 있습니다. 이제 우리 개인적으로도 씨뿌려 가꾼 것들을 서서히 거두어들여야 할 때입니다. 자신의 삶을 돌아보며 다시 한 번 '나'만이 아닌 '우리'로, 보다 내적으로 성숙한 사람이 되는 시간이 되길 기원합니다.

1995. 9. 30. 가을

삼풍백화점 붕괴사고

1995년 6월 29일 오후 5시 57분경 서울 서초구 서초동에 있던 삼풍백화점이 붕괴되면서 1,438명의 종업원과 고객들이 다치거나 죽었으며, 주변 삼풍아파트, 서울고등법원, 우면로 등으로 파편이 튀어 주변을 지나던 행인 중에 부상자가 속출해 수많은 재산과 인명 피해를 냈다. 그후 119 구조대, 경찰, 서울시, 정부, 국회까지 나서 범국민적인 구호 및 사후처리가 이어졌다. 사망자 501명, 부상자 937명, 실종자 6명, 피해액은 당시 기준으로 약 2,700여억 원으로 집계됐다.

조선총독부 건물 철거

1910년부터 1945년까지 일제강점기 조선에서 일본제국의 식민통치를 시행한 최고 행정관청인 조선총독부가 사용하던 건물은 2차 세계대전에서 일본이 패망한 후 미군정청에 인계되었고, 1948년 대한민국 정부가 수립되자 청사와 관사를 다시 인계받아 대통령 관저, 정부 청사, 박물관 등으로 활용하였다. 1950년 한국전쟁을 거치면서 청사와 관사의 일부가 파괴되었고, 이승만 대통령 집권 당시부터 청사 철거 주장이 있었지만 경제적인 이유로 보류되어 오다가 1990년대에 일제강점기의 잔재 청산을 이유로 철거가 결정되었다.

1993년 8월 9일 김영삼 대통령은 민족 정기 회복을 위해 총독부 건물을 해체하여 경복궁을 복원하고 새로운 국립중앙박물관을 국책사업으로 건립하라고 내각에 지시하였다. 1995년 8월 15일 광복 50주년 경축식에서 총독부 건물 중앙돔 랜턴 해체를 시작으로 철거에 들어갔다.

주인과 손님

눈 없는 겨울을 몇 해 동안 살면서도 늘 마음의 언저리에는 유난히 대소사가 많은 고국의 겨울을 상상하며 옷깃을 여미게 됩니다.

지금쯤 고국에 있다면 2~3개월의 겨울나기를 위한 준비로 무척이나 바쁠 것이고, 수학능력시험 이후 대입, 고입고사로 마음은 더욱 들떠 있을 것입니다.

또한 이제 막 사회로 첫발을 내딛으려는 수많은 졸업생들의 부푼 희망과 꿈이 멋지게 펼쳐질 순간이기도 합니다.

추운 겨울은 불우한 이웃을 돕는 정성어린 손길로 오히려 더욱 따뜻하고, 새롭게 거듭나려는 정치, 경제, 사회 전반의 노력으로 돌아오는 새해에 대한 밝은 기대도 해 봅니다.

연말이 되면 누구나 한 번쯤은 조용히 자기성찰의 시간을 갖게 되듯, 이곳 싱가포르에 뿌리내리고 있는 주재 상사, 한인업체 등을 포함한 여러 단체들도 한 해의 다사다난했던 살림을 마무리하고 희망찬 새해의 문을 열기 위한 준비가 한창이리라 생각합니다.

싱가포르 한인회도 한 해 살림살이를 마무리하고, 제7대 회장단의 중간점검을 해 보는 시점에 서 있습니다. 내부적으로는 주부백일장과 거북이마라톤대회, 한인 정기총회 및 송년회와 같은 큰 행사를 치렀고, 외부적으로는 지진으로 피해를 본 일본 고베 지역 동포 돕기 성금 모금운동을 펼쳐 많은 호응을 얻기도 했습니다. 새해에는 한인회원들에게 보다 실질적인 도움을 주는 한인회로, 보다 포용력 있고 활동적인 한인회로 거듭나고자 합니다.

한인회원 모두가 주저없이 밀어 주신다면 한인회는 용기 백배하여 더욱 힘차게 앞을 향해 나아갈 것입니다.

여기엔 '주인'과 '손님'이 따로 있을 수 없으며, '너'와 '나'가 아닌 '우리'가 필요할 뿐입니다.

새해엔 모두가 주체의식을 가지고 세계 속에 당당한 주역으로 우뚝 설 수 있기를 기대하며, 회원 여러분의 가정에 평화와 행복이 충만하길 기원합니다.

1995. 12. 31. 겨울

내 몫보다 '공동체' 생각을 먼저

병자년의 시작과 함께 2월 27일부터 2박3일 일정으로 김영삼 대통령 내외분께서 싱가포르를 국빈 방문하셨습니다.

엊그제 대통령께서는 싱가포르 동포 리셉션에서 앞으로 남은 임기 2년 동안을 20년이라 생각하고 열심히 일하겠다는 격려사를 하였습니다. 꼭 3년 전, 저는 문민정부 탄생을 보기 위해 국회의사당에서 거행된 대통령 취임식에 참석하여 추운 날씨에 손과 발을 비비며 취임사를 경청한 일이 있습니다.

저는 격려사를 들으며 3년 전 대통령 취임사를 떠올려 보았습니다.
"지난날 우리는 계층으로 찢기우고 지역으로 대립하고 세대로 갈라지고 이념으로 분열되었습니다. 우리 안에 있는 벽을 허물어야 합니다. 한을 풀어야만 합니다. 우리 사회는 그늘 속에 사람이 너무 많습니다. 그들이 위로받아야 합니다. 많이 가진 자는 더 많이 양보해야 합니다. 힘있는 사람은 더 큰 것을 양보해야 합니다. 너무나 성급하게 내 몫만을 요구하지 맙시다. 먼저 우리 공동체 전체를 생각합시다. 그리고 우리가 더 많은 몫을 갖기 위하여 더 큰 떡을 만듭시다."

그렇습니다. 우리는 지난날 지금보다 더욱 어려운 일도 해낸 민족입니다. 우리 모두 잘못된 과거는 깨끗이 씻고 잊어버려야겠습니다. 그리고 개개인의 이익보다는 국가와 민족 전체의 이익에 이바지하는 마음으로 새롭고 밝은 장래를 열어가야겠습니다.

이제 한국의 국제위상은 높아졌습니다. 국민소득 1만 달러의 유엔 안보리 이사국이고, 세계 12대 경제대국으로서 선진국 대열 합류라고 할 수 있는 OECD* 가입을 눈앞에 두고 있습니다.

이제 우리나라 대통령의 싱가포르 방문을 계기로 해외동포인 우리가 공동체 전체를 생각하는 의식을 과연 얼마나 가지고 있는지 자문해 보아야 할 것입니다.

바야흐로 춘분도 지나고 고국의 봄뜰에는 개나리가 한창입니다. 새로운 마음가짐과 자세로 이 봄을 맞이해야겠습니다.

1996. 3. 31. 봄

대한민국 OECD 가입

제2차 세계대전 후 1948년 영국, 프랑스, 이탈리아 등 18개 서유럽 국가를 회원으로 발족되었던 OEEC가 1961년 미국, 캐나다 등 준회원국을 수용하면서 경제협력개발기구(Organization for Economic Cooperation and Development)로 확대 개편하였다. 1990년대 이후 한국, 일본, 호주, 뉴질랜드, 멕시코, 칠레 등이 가입하여 현재 34개국이 회원국으로 있다.

우리나라는 1990년 3월 비회원국으로는 최초로 서울에서 OECD 회의를 개최하고, 1995년 3월 OECD 가입신청서를 제출하였고, 다음해인 1996년 10월 OECD 이사회에서 한국 가입을 결정, 12월 12일 29번째 OECD 정회원국이 되었다.

OECD는 경제성장, 개발도상국 원조, 무역 확대를 목적으로 하고, 경제정책의 조정, 무역문제 및 산업정책의 검토, 환경문제, 개발도상국 원조 등의 주요활동이 있다. 이로써 대한민국은 원조를 받는 나라에서 원조를 하는 나라로 전환한 최초의 국가가 되어 명실상부한 선진국 대열에 합류하게 되었다.

공동선(共同善)을 추구하는 해외생활

얼마 전 우리나라의 제일 큰 섬 제주도를 이곳에 살고 있는 친구들과 함께 다녀올 기회가 있었습니다. 계절의 변화를 느끼지 못하는 싱가포르에 오래 살고 있는 저는 제주도의 기후와 산천의 아름다움에 얼을 놓고 사흘 동안 정신없이 돌아다니다 왔습니다.

모든 동물은 본능적으로 보금자리를 찾습니다. 해외에 살고 있는 우리 보금자리는 분명 조국 대한민국일 것입니다. 진달래 만발하는 봄, 매미소리 들리는 여름, 아름다운 가을 단풍, 눈부시게 깨끗한 겨울 설경, 그 산천이 바로 내 어머니가 살아온 곳이요, 바로 우리 2세들이 살아갈 땅입니다.

모천회귀성(母川回歸性)이란 말이 있듯이 누구나 자신이 태어나고 자란 고향을 잊지 못하는가 봅니다. 저 역시 고국을 방문할 때마다 마음속 깊이 고국의 정을 느낍니다.

그렇습니다. 왜 우리 민족만이 유독 '우리' 라는 말을 많이 사용하는지 잘 알 것 같습니다. '우리' 라는 말은 단일민족으로 친근한 집단 간의 따뜻한 정감과 강한 연대의식 그리고 협동 지향성을 내포한 대명사임에 틀림없습니다.

제가 매호 '첫장을 넘기며' 에서 여러분에게 '우리' 의 개념을 강조하고 즐겨 사용하는 것은 '나' 만을 내세우지 말고 '나보다 우리', '나보다 조국' 을 먼저 생각하면서 하나의 공동선을 추구하며 보다 재미있고 보람된 해외생활을 하자는 데 있습니다.

1996. 6. 30. 여름

추석의 바람

이맘때쯤이면 늘 어린아이처럼 진한 그리움이 밀려옵니다. 나이가 지천명(知天命)이 넘도록 해외생활을 하고 이제 대학생이 된 딸아이를 둔 중년인데도 고향의 추석명절은 저를 설레게 합니다.

오랜 해외생활로 고달픈 심신을 달랠 수 있는 고향. 언제나 포근한 사랑으로 감싸주는 고향이 있기에 지난 20여 년 동안 한 번도 빠짐없이 고향을 찾아가 추석을 보냈습니다.

칠순을 넘기신 부모님을 뵙는다는 자식의 도리만은 아닌 것 같습니다. 누런 황금들판 코스모스 둑길을 따라 잠자리를 잡던 소박한 어린 꿈이 그곳에 있기 때문일까요?

금년에는 사업상 이유로 고향에 가지 못한 제 마음이 이렇게 아플진대… 북에 고향을 두고 온 실향민들은 가고 싶어도 갈 수 없는 고향이기에 해마다 밤하늘에 뜬 한가위 보름달을 보며 고향으로 자꾸만 달려가는 수구초심(首邱初心)의 간절함이 한이 되어 있을 것 같습니다.

이 한을 어떻게 풀어야 할까요? 남녘의 4,500만이 지금 누리고 있는 자유와 풍요로움을 2,300만 동포가 사는 북녘까지 확산시킨다면 그 한을 풀 수 있을 것입니다.

그러기에 지난 30여 년간 '우리도 할 수 있다' 면서 밤낮을 가리지 않고 성장을 위해 매진해 온 끈기와 노력이 오늘의 결실을 거두었듯이, '우리는 또 할 수 있다' 라는 목표를 설정할 때 오늘의 한국 경제 수준으로 보아 북한에 나누어 주는 것은 10년도 걸리지 않을 것입니다.

그러나 요즘 사실 윤택해진 생활 속에서 한국인들은 자신의 장점인 근로의욕을 잊고 있습니다. 더럽고, 힘들고, 위험한 일들은 기피하고 편한 것만을 추구하는 현상을 하루빨리 청산하고 아직 헐벗고 굶주린 북한동포가 있다는 것을 마음속에 새기며 근로의욕을 다시 찾아야 합니다.

1996. 9. 30. 가을

건강한 만남을 바라며

쉼없이 흘러가는 끝없는 시간. 잠시도 머물지 않는 게 시간입니다. 올해도 벌써 시간이 마지막 모퉁이로 줄달음쳐 과거 속으로 접어들고 있습니다. 서양 사람들은 'Time is Money', 곧 시간을 돈이라 했고, 동양 사람들은 '석시여금(惜時如金)', 곧 시간 아끼기를 금같이 하라고 했습니다. 그러므로 낭비 중에 가장 나쁜 것이 시간낭비요, 나의 시간이 중요하다면 남의 시간도 낭비하지 않게 하는 배려 또한 중요합니다.

화살처럼 날아가는 시간 속에서 우리는 낯선 사람과의 만남과 인연으로 이합집산(離合集散)을 거듭하면서 살아갑니다. 인연이란 곧 만남을 의미하는 것입니다. 만남 속에 인생의 기쁨이 있고 행복이 있으며, 그 속에서 바로 참된 삶의 의미가 이루어진다고 해도 과언이 아닙니다.

지난 일 년 동안 한인회도 여러 행사로 바쁜 시간을 보냈습니다. 우리가 준비하는 행사는 바로 즐거운 만남의 장을 열기 위해서입니다. 그러나 늘 아쉽고 마음 아픈 것은 회원들의 참여의식이 부족하다는 것입니다. 이 세상 모든 사람을 다 만날 수는 없지만 우리만이라도 만남을 활성화하고 정성과 열정을 다해 참여하면서 이 지역사회의 발전과 개인의 소중한 시간을 만들어 나갑시다.

정축년 새해에는 더 건강한 모습으로 자주 만나도록 노력합시다.

1996. 12. 30. 겨울

立春大吉 丁丑年 萬事如意

새봄이 기다려지는 것은 왜일까요?

지금 우리는 무척 빠른 속도로 변해 가는 시간 속에서 살아가고 있는데, 무슨 이유로 우리나라는 과거나 현재나 똑같은 일들이 반복되고 있을까요? 미래는 좀 다르게 살아갈 수는 없을까요?

지금 우리는 총체적인 타성에 젖어 있어 사고의 전환이 없고서는 미래도 달라지지 않는 한계에 도달한 것이 아닌가 하는 두려움에 싸여 있습니다. 지난 몇 달 동안 사업차 세계 여러 나라를 여행하면서 느낀, 우리와 비교되는 별 것 아닌 외국 사람들의 행동이나 습관들 중 두 가지를 간단하게 적어 볼까 합니다.

첫째, 미국 사람들의 직업의식

여러 번 미국 방문 중에 느낀 것이지만, 이번 출장에도 짧은 일정에 여러 곳을 여러 번 방문하여야 하는 시간의 제약 때문에 렌트카에 운전기사를 함께 고용하여 며칠간 백인 운전기사와 같이 움직였습니다. 이 운전기사는 일에 대한 지식뿐만 아니라 고용주와 고용자 간에 지켜야 할 기본자세는 물론 말쑥한 유니폼에 제가 차를 타고 내릴 때, 식사할 때, 호텔에 투숙할 때, 주행하고 있는 동안 지역에 관한 안내 등의 매너는 우리나라의 동일한 직업인이 가지고 있는 그것과 너무나 큰 차이가 있어 미국인의 직업의식에 감탄하지 않을 수 없었습니다.

둘째, 영국 사람의 근검절약 정신

런던 출장 중에는 히드로 공항 근처 주택가에 있는 외국 친구 집에 머물 때가 많은데, 시차를 극복하기 위해 종종 새벽 조깅을 하다 보면 이곳에 사는 사람들은 하나같이 약속이라도 한 듯 집에 희미한 전등불을 꼭 하나만 켜놓고 아침준비를 하는 모습을 볼 수 있습니다. 이것은 수백 년 이어져 오는 앵글로 색슨족의 근검절약하는 정신 때문입니다.

이제 새로운 천년으로 가는 세기말을 살고 있는 우리는 구각(舊殼)에서 벗어나 힘찬 미래를 향해 가는 발전적인 사고의 전환이 절실히 필요한 때입니다.

'패러다임 시프트(Paradigm Shift).' 지금 경제학 분야나 사회학 분야에서 나오는 새로운 시사용어입니다. 우리말로 표현한다면 '사고방식의 틀의 전환' 이라고 옮겨 쓸 수 있습니다.

그것은 사고방식의 틀 그 자체를 바꾸지 않으면 새로운 2000년의 시대는 살아남기 힘들다는 이야기입니다. 우리에게 꼭 필요한 용어 아닐까요?

1997. 4. 5. 봄

관리와 잣대

어딜 가나 경제가 어렵다는 얘기를 듣게 됩니다. 금년도 벌써 반년이 지나고 있건만 좋을 것 같은 징후는 보이지 않고, 더위만 기승을 부리고 있으니 우리 모두 자기관리를 철저히 해야 할 때입니다.

관리라는 단어가 우리 사전에는 좁게 해석되어 있지만 영어로는 Management입니다. 현대 경영학에서는 이 단어를 빼고는 생각할 수 없을 만큼 중요하고 광범위하게 쓰입니다.

싱가포르에 살고 있는 우리에게는 Management와 비슷한 의미를 가진 Control이라는 단어가 더 적합할 것 같습니다. 70년대에는 '허리띠를 졸라매자' 라는 구호를 자주 듣곤 했는데 지금은 낭비를 줄이자, 절약하자라는 조금은 지난 세월보다 절박하지 않은 상태에서 관리를 하자는 것이니 그만큼 생활환경이 나아졌다고 하겠습니다.

'관리' 라는 단어는 '줄인다' 는 쪽에 더 가깝다고 볼 수 있습니다. 줄인다는 것은 때로는 아픔이 따르고 노력이 뒷받침되어야 가능합니다. 특히 해외에서 생활하고 있는 우리는 경쟁사회의 최전방에서 일하고 있기 때문에 Control하는 생활습관에 익숙해 있지만, 다시 한 번 자신과 관계되는 모든 것을 관리한다는 측면에서 한 번 더 추슬러 보는 지혜가 필요한 때가 아닌가 생각합니다.

매월 한 번쯤 무엇을 Control할 것인지 구체적인 계획을 세워 실천하는 의지가 필요합니다. 시간, 돈, 가족, 습관, 체력 등 무엇보다 중요한 것은 어떠한 기준으로 정확한 잣대를 맞출 것인가에 따라 결과는 크게 달라질 수 있습니다.

지금 고국에서는 돈, 자식, 조직관리를 잘못하여 흔들리고 있는 사람이 많습니다. 정확한 잣대는 시간과 시대상황에 따라 달라져야 합니다. 국가, 회사, 가정을 자신의 잣대에 맞추어 재는 것도 중요하지만, 이웃과 비교하여 크게 눈금이 어긋난 것이 없는지도 살펴봐야 하겠습니다.

싱가포르 한인사회에 소속되어 있는 사람들은 한국사회에서 선택된 엘리트들이라고 감히 말할 수 있습니다. 그렇다면 보다 구체적이고 정확한 기준의 잣대로 우리 주변을 잘 관리해 나가야 할 것입니다.

1997. 6. 30. 여름

참된 삶의 목적

　지난 8월 첫번째 토요일 이른 아침, 헐벗고 굶주리고 있는 북한동포들을 돕기 위하여 거북이마라톤대회를 개최하였습니다. 어린 학생들이 많이 참여하여 몸으로 사랑을 실천하는 아름다운 정경을 보여 주었으나, 대조적으로 기대보다 적게 참석한 어른들의 무관심과 이기주의를 보는 것 같아 안타깝기 그지없었습니다.
　언제부터인가 싱가포르 한인사회는 여러 분야에 종사하는 사람들이 늘어나 다양해지고 커진 데 반해, 우리는 점점 무언가를 잃어 가고 있는 것 같습니다.
　그것은 이 나라가 갖고 있는 작은 국제도시국가라는 특성과 다민족사회에서 살아남기 위한 경쟁에서 오는 부산물인 배금주의, 이기주의가 만연된 탓일 것입니다. 한 번 더 흩어진 우리 마음을 모아서 날로 더해 가는 배금주의와 이기주의를 타파하고 서로 협력하여 단결할 수 있는 힘을 모아야겠습니다.

　배금주의란 돈을 최고의 가치로 여기며 돈벌이를 위해서라면 무슨 짓이라도 서슴지 않으려는 저열한 사고방식을 말합니다. 본시 돈이란 살아가기 위하여, 그리고 독립하기 위하여, 나아가서 가치 있는 일을 뒷받침하기 위한 수단일 따름입니다.
　그런데 그 수난을 복적처럼 전도시켜 돈벌이에만 전력을 다하는 사람이 적지 않은데, 그렇게 되면 개인생활은 외로워지고 사회 분위기는 삭막해집니다.

한편 이기주의란 자기 이익만을 행동의 기준으로 삼고, 사회 공익이라든지 타인에게 끼치는 폐해 등은 뒷전으로 밀어제치고 좀처럼 남을 생각하지 않으려는 정신상태를 말합니다.

　저마다 이기주의로 나가면 혼란과 무질서 속에서 모두 불안하게 됩니다. 제멋대로 벌이는 이기주의는 공동체의 이익을 해치는 한계에 도달하게 됩니다. 이는 개인주의와는 다릅니다. 개인주의는 개인의 자유와 자주성을 서로 존중하며 인격의 완성을 지향하려는 주의입니다.

　우리 한인회는 몇 해 전까지만 해도 따뜻한 정감을 나눌 수 있는 상호간의 만남이 있었고, 소속 회원들의 적극적인 참여와 협조로 항상 활기가 넘쳐흘렀습니다.

　지금도 다시 찾을 수 있다고 봅니다. 각계각층의 사람들이 한인회를 구심점으로 하여 함께 가꾸어 나간다면 전 세계 어느 한인회에서 찾아볼 수 없는 모범사회가 계속 유지될 것입니다.

1997. 9. 30. 가을

새 환경에 맞는 새 질서 창출

금년도 막바지를 향해 줄달음치고 있습니다. 금년 내에 끝내야 할 일이 많은데 태산같이 쌓인 일들을 마칠 수 있을지….

왠지 불안하여 한 곳에 차분히 앉아서 일하기가 쉽지 않습니다. 국내에서는 대기업들의 부도가 줄을 잇고 있으며, 중소기업은 2년 전부터 부지기수로 문을 닫고, 이들의 도산이 일파만파 회오리를 몰아오고 있습니다.

외채가 쌓여 대외 신용도는 떨어지고 환율과 금리는 하루가 다르게 치솟아 금융위기설로 모두 전전긍긍하고 있다는 소식을 자주 듣습니다.

그럴 때마다 지난 84년, 85년에 있었던 잊지 못할 일이 생각납니다. 이 시기에 싱가포르가 겪은 경제불황이 또다시 싱가포르뿐만 아니라 우리나라에도 오지 않을까 심히 걱정됩니다.

우리 생활 터전인 싱가포르도 지금 심한 몸살을 앓고 있는 것 같습니다. 중계무역항으로서 제 구실을 하기 위해서는 주변 국가에 문제가 없어야 하는데 인도네시아, 태국, 말레이시아가 정부의 과잉투자와 국제 환투기꾼들에 의해 통화가치가 금년 1/4분기 동안 25~40% 절하되고 있으니 교역이 원활할 리 없고, 더구나 울타리가 없어진 국제환경으로 옆집의 일이 내 일이고, 내 일이 옆집의 일이 되었으니 혼자만 잘 먹고 잘 살면 된다는 이기주의로는 이제 살 수 없게 되었습니다.

사실 지금 일어나고 있는 생존 환경의 변화는 경쟁 개방이라는 대외적인 요인으로 국내외의 모든 경제적 칸막이를 일시에 제거, 세계 수준에 미치지 못하는 국가들은 모두 침몰할 수밖에 없는 흐름으로 진행되어 가고 있음을 명심해야 하겠습니다.

싱가포르에 살고 있는 우리도 하루 빨리 새 환경에 맞는 새 질서를 창출하여 우리 모두 함께 대처할 수 있는 자기혁신을 이루어야 하겠습니다.

1997. 12. 30. 겨울

제2 한강의 기적을

해가 바뀌었습니다.

밤이 지나면 아침이 오고 우기가 가면 건기가 찾아오는 자연의 법칙이 신비스럽고, 인위적으로 금을 그어 97년이 가면 98년이 오고 1월이 가면 2월이 오는 것이 얼마나 고마운지 과거에는 미처 몰랐습니다.

지난해 11월 이후 갑작스레 밀어닥친 그 놀라운 사태 진행을 가리켜 사람들은 6·25 이후 가장 어려운 위기에 직면하였다고 합니다. 정부가 IMF 구제금융 긴급 요청(97년 11월 21일), IMF가 제시한 요구조건을 받아들이면서 경제신탁통치라고 개탄하는 사람이 있는가 하면, 올 것이 왔다고 생각하고 자숙하는 사람들도 많습니다.

그것은 고난과 기회의 공존을 헤아리게 하지만 다른 한편 파멸의 길로 들어설 수도 있고, 지혜롭게 위기를 극복하면 더 찬란한 미래가 다가올 것입니다.

지난 과거 여러 공항이나 관광지에서 큰 소리로 떠들썩하게 희희낙락하는 무리가 있어 고개를 돌리면 으레 한국인들이었다고 핀잔이 자자했습니다.

어떤 곳에서는 한국 관광객이 미화 100불로 부채를 만들어 흔들었다는 말은 차라리 내 귀를 의심하고 싶었습니다.

그러나 세계화로 가는 길목에 너도나도 외국을 한 번 돌아보고 오는 것은 나쁘지만은 않다는 생각이 들지만, 일부 계층의 무절제와

무분별한 사치와 낭비가 오늘의 경제위기에 일조한 것은 사실이라고 생각합니다.

우리가 살고 있는 싱가포르 주변국인 대만, 홍콩, 중국 등 화교국가들은 아직도 끄떡없다는 것은 우리와 비교가 됩니다. 철저한 근검절약이 몸에 배어 있는 그들에 비하면 내일을 모르고 분수에 넘치는 사치와 낭비를 해 온 우리가 부끄럽기 그지없습니다.

그러나 6·25라는 참담한 폐허 속에서 피어난 우리 민족의 의지는 제2 한강의 기적을 만들 수 있습니다.

다시 한 번 이기심과 허영심에서 벗어나 뭉친다면 이번 사태가 전화위복의 계기가 될 것이라 믿습니다. 고달프고 어두운 해는 어느덧 밝고 행복한 희망의 해가 되어 우리 앞에 기다리고 있을 것입니다.

1998. 4. 1. 봄

온고지신(溫故知新)과 반성

마침 연휴, 주말인데다 오후 내내 줄기차게 비가 쏟아져 집에만 있는 것이 어쩐지 민망하고 불안하여 차를 몰고 밖으로 나가 보았습니다. 비 오는 시내 거리에는 온통 '빅 세일'이라는 글자들이 상점마다 붙어 있고 아예 문을 닫아 버린 곳이 많았습니다. 주변 국가의 경제 위기 영향이 심각함을 느끼게 합니다.

우리가 살고 있는 이곳도 많은 회원들이 떠나고 있고, 더욱 가슴 아픈 것은 아예 회사문을 닫고 떠나는 사람이 많아 남아 있는 우리에게 가슴 저미는 아픔을 느끼게 합니다. 특히 평생을 해외에서 살다가 몸이 늙어 엊그제 떠난 노인 한 분을 생각하니 눈물이 나고 왠지 외로워지는 것은 그분이 싱가포르 한인회 발전을 위하여 봉사와 노력으로 남겨 놓은 값진 결과는 안타까움으로만 남아 있는데 "내게 아무런 관계가 없소" 하고 무관심과 지나침으로 떠나 보낸 말없는 군상들이 되어 버린 우리가 밉습니다.

예로부터 우리 선조들은 온고지신, 즉 옛것을 다듬어 새것을 알라고 하였습니다. 과거를 알아야 현재를 다스릴 수 있고 또 미래가 보인다고 하지 않았습니까. 현재 한인사회의 위상과 회원 상호간의 이해에 대하여 우리는 반성을 해야 할 것입니다.

이제 이야기를 정리해 보면 21세기 개막을 앞두고 전 세계는 숨가쁜 행진을 계속하고 있습니다. 국가와 국가간에 끝없는 경쟁과 각축이 벌어지고 있으며, 힘없는 국가는 생존조차 어려운 시대가 우리 앞에 펼쳐지고 있습니다.

우리나라는 지난해 11월 외환위기* 이후 7개월째 연속 흑자행진을 하고 있지만, 구조조정이다 빅뱅이다 하면서 실업자는 늘어나고 있고 하반기에 더 많은 실업자가 생긴다고 하니 암담하고 우울한 시대를 맞이하게 되었습니다.

물론 어느 시대나 그 시대가 해결해야 할 큰 숙제가 있습니다. 역사의 숙제를 풀지 못하면 고통스러운 시련이 되고, 잘 풀면 자랑스러운 기적이 됩니다. 우리 민족은 수천 년 동안 지금보다 훨씬 어려운 난관도 극복한 강인한 민족으로 특유의 근성인 협력과 단결력을 다시 한 번 유감없이 발휘한다면 위기는 기회이며 발전의 또 다른 시작이 될 것입니다.

1998. 7. 1. 여름

외환위기 Currency Crisis

대외 경상수지의 적자 확대와 단기유동성 외환 부족 등으로 대외 거래에 필요한 외환을 확보하지 못하여 국가 경제에 치명적인 타격을 입게 되는 현상으로 일찍이 영국, 멕시코 등도 외환위기를 겪어 국제통화기금(IMF)의 원조로 극복한 사례가 있다.

1997년 여름 이후 태국, 인도네시아 등과 함께 우리나라도 외환위기를 맞이하게 되었다. 금융기관의 부실, 차입 위주의 방만한 기업 경영으로 인한 대기업의 연쇄부도, 대외 신뢰도 하락, 단기외채 급증 등으로 한국 정부는 채무지불유예(Moratorium) 선언을 할 사태에 이르자, 1997년 12월 IMF에 구제금융을 신청하여 195억 달러, 세계은행(IBRD)으로부터 70억 달러, 아시아개발은행(ADB)으로부터 37억 달러를 지원받아 외환위기의 고비를 넘겼다.

그러나 이 과정에서 IMF에서 요구하는 까다로운 조건들을 수행해야 했으며 신자유주의 논리가 급속하게 확산되었다. 이후 한국은 외환시장과 물가안정을 위한 고금리 정책과 재정 긴축은 물론, 수요 억제를 통한 경상수지 흑자정책을 추진해 IMF 차입금 195억 달러를 조기상환하였다. 구제금융을 신청한 지 3년 8개월만의 상환으로 예정보다 3년 가까이 앞당겨 빚을 정리한 것이다. 이로써 외환위기 당시 39억 달러까지 떨어졌던 외환보유액이 2001년 9월 990억 달러, 2011년 12월 3,064억 달러로 세계 7위의 외환보유국이 되었다.

하나가 되어야 한다

엊그제 서울을 다녀왔습니다. 공항에서 시내로 들어가는 김포 가두에 태극기가 휘날리고 있었는데, 그것은 국민들의 강한 자신감을 드러내는 표상 같아 보였습니다.

정부수립 50주년을 맞아 한국인들은 온 국민이 하나 되어 경제난을 극복하고 새로운 각오로 21세기를 향해 나아가자는 국민 화합운동의 일환으로 곳곳에 태극기가 걸려 있는 것으로 생각되니, 외국에서 오래 살고 있는 나는 저절로 새로운 각오가 생겨났습니다.

'하나가 되어야 한다'는 생각을 해 봅니다.

분단 반세기라는 최대 아픔을 겪은 우리가 한 가지 얻은 교훈이 있다면 그것은 화합하지 않고는 발전할 수가 없다는 것입니다.

남과 북이 서로 화합하여 협력한다면 우리는 지금보다도 훨씬 나은 위치에 있을 수 있습니다. 단결되지 않은 우리 민족은 고통과 불안으로 반세기를 보내 왔습니다.

싱가포르에 살고 있는 우리는 화합(和合)과 단결(團結)로 지난 30년간 한인사회를 끊임없이 발전시켜 왔습니다. 그러나 싱가포르 주변 국가들이 경제난으로 어려움을 겪고 그 영향이 이곳에도 밀려오니 우리 한인사회에도 상당한 변화가 예상됩니다.

이럴 때일수록 우리는 화합과 단결로 하나가 되어야 하고, 우선 한국민끼리라도 똘똘 뭉쳐 위기를 극복하여야 합니다. 회사든 개인영업자든 집단의 이익을 따질 때가 아닙니다.

　서로 이곳에 주재하는 형식이 다르다고는 하지만 우리는 서로의 차이점을 초월하여 협력한다면 이 어려운 경제난을 극복할 수 있을 것입니다.

　이것이 곧 이곳 싱가포르와 조국의 어려움을 타계하는 우리 정신자세가 아닐까 한번 깊이 생각해 볼 필요가 있습니다.

1998. 10. 1. 가을

한국병을 고치자

작년 이맘때쯤 경제 위기로 IMF 체제 하에 들어가면서 경제신탁통치니 국가파산이니 등으로 죄인 가슴이 지금까지 계속되고 있습니다. 그러나 우리 국민은 긴 역사 속에 800여 차례의 외침과 위기를 극복한 강인한 민족으로, 이번 위기에도 국내에서는 '금 모으기 운동', 해외에서는 외화를 절약하여 본국에 '외화 보내기 운동' 등으로 국난을 극복하는 데 직접적인 도움뿐만 아니라 국민의 사기 진작에도 많은 도움을 주었습니다.

우리는 시간이 가면 잘 잊어버립니다. 과거를 거울삼아 이제는 또 다른 위기를 불러들이지 말아야 합니다. 국제통화기금 체제의 처방은 고쳐야 할 '한국병'이 무엇인가 찾아 고쳐야만 위기를 기회로 만드는 전화위복이 될 것입니다.

그렇다면 고쳐야 할 '한국병'을 몇 가지 적어 보겠습니다.

- 정치권의 자각이 필요하다.
- 전 국민이 허례허식을 버리고 근검절약하는 태도로 재무장해야 한다.
- 전 국민이 단합하고 특히 노사가 힘을 합쳐 생산성을 늘려야 한다.
- 교육의 국제화가 이루어져야 하고 이기심을 버려야 한다.
- 사회 전반에 만연해 있는 부정부패를 척결해야 한다.

지금 정부나 외국 기관들이 한국 경제가 큰 고비를 넘기고 서서히 회복되고 있다고 발표하고 있는데, 아직 마음을 놓아서는 안 됩니다.

자칫 잘못하다가는 또다른 외환위기를 불러들일 수 있습니다.

　상황이 호전된다고 해서 만족할 것이 아니라 국가, 기업, 개인이 '한국병'이 무엇인가 뼈저리게 느끼고, 드러난 여러 문제를 제대로 인식하고 해결해야만 위기를 극복하고 대망의 21세기를 우리 시대로 만드는 또 다른 시작이 될 것입니다.

1998. 12. 8. 겨울

희망(希望)과 반성(反省)

밀레니엄. 요즘 들어 제일 많이 보고 듣고 하는 단어입니다. 밀레니엄의 도래는 시간의 철학적 의미에 대해 사유하는 기회라고 합니다. 지금까지의 역사에 대한 평가와 완전한 변화를 앞둔 한 사회의 목적에 대해 반성하는 계기가 되기도 하고….

요즘 TV와 신문들은 시간의 종말에 대해 말하면서 Grand Cross니, 지구와 유성의 충돌, 파티마의 비밀 등 그럴듯한 내용을 담고 있지만 그것은 실은 시대의 불안인 핵 위협, 오존층 파괴, 환경재해, 교조주의 부활 등이 저변에 깔린 사회현상을 두고 하는 것입니다.

2000년은 20세기의 끝도 시작도 아닙니다. 그것은 1과 2 사이를 이행하는 대수학적인 축제에 불과합니다. 아마 컴퓨터의 밀레니엄 버그로 야기될 문제점만 소송으로 이어져 결국 변호사들이 돈방석에 앉을 일만 벌어질 것이라고 어떤 신문은 말하고 있습니다.

2000년이 시작되는 날 대단한 일은 없을 것입니다. 축제로 인한 불상사나 사이비 종파들은 등장하겠지만 전 세계인들은 얼싸안으며 기뻐할 거라고 '스티븐 제이굴드'라는 사람은 단언했습니다.

그럼 우리는 10년, 100년, 1000년을 지나는 시간의 통과의례로 생각하고 희망적이고 진취적인 사고(思考)로 늘 하던 대로 열심히 살아가면 새로운 천년의 밝은 미래를 맞이할 수 있을 것이며, 다만 황폐해 가고 파괴되어 가는 우리 모습을 꼭 되돌아보는 반성의 시간을 이 세기가 가기 전에 가져야 할 것입니다.

1999. 3. 11. 봄

조화(調和)와 이해(理解)

일요일 아침 7시쯤이면 저는 동네 근처에 있는 재래시장을 거의 매주 빠지지 않고 둘러보고 필요한 몇 가지를 사가지고 집으로 돌아옵니다.

몇 년째 이 습관을 계속 반복하고 있는 것은 이곳 서민들의 숨결을 느끼고, 다양한 농수산물의 입출하를 통해 계절의 바뀜을 알고, 그보다 더 좋은 것은 떠들썩한 분위기가 마치 고향의 향수를 느끼게 하기 때문입니다.

비좁도록 다닥다닥 붙어 있고 즐비하게 늘어놓은 각종 물건들, 생선가게, 채소가게, 과일가게, 식료품가게 그리고 잡화상 등 큰 소리 없이 장사만 열심히 하는 모습들을 보니 그 속에 보이지 않는 질서와 풍요로움이 있는 것 같아, 우리 시장과는 너무나 다른 풍경으로 정(情)이 느껴지곤 합니다.

특히 상점 주인들도 중국인, 말레이인, 인도인이고 손님 또한 국적이 다양하고 피부색이 다른 사람들이 모이는 곳이라 장사를 통하여 상관습과 문화를 접하는 곳이기도 하여 저는 매주 중독된 것처럼 이곳을 방문합니다.

우리는 어떤가요? 시장바닥이 아닌데도 약간의 이해관계가 틀리면 편을 나누어 흑백논리로 극과 극으로 치닫고, 화합과 이해는 도무지 찾아볼 수 없는 것은 IMF 체제 하에서도 마찬가지입니다. 노동자와 사용자, 가진 자와 못 가진 자, 지역간, 계층간, 세대간 어느 한 군데도 중심축이 없어 걱정이 태산 같습니다.

  싱가포르 한인사회도 지난 몇 년간 어려운 고비가 있었지만 이해와 화합으로 옛날과 같이 평화로운 제 모습을 찾아가고 있어 다행스럽습니다.

  다시 한 번 한인회가 중심축이 되어 이곳에 살고 있는 교민들의 친목을 도모하고 지역사회를 계속 발전시켜 나가는 것이 국가와 민족을 위하는 우리 몫이 아닐까 생각해 봅니다.

1999. 6. 15. 여름

실행할 수 있는 계획을 세우자

해마다 일어나는 일 중에 안 겪어도 좋은 일들이 많습니다. 특히 해외에서 생활하고 있는 우리에게는 조국에서 일어나는 사건들이 마음의 상처를 남기고 이곳 사람들에게는 부끄럽기도 하고 변명을 하기도 지쳐 얼굴을 내밀기가 쑥스럽습니다.

겨우 경제의 어려움에서 벗어나니 관재(官災), 인재(人災)로 인한 수해, 한꺼번에 많은 어린이들의 목숨을 빼앗아 간 화재 등 미리 준비하고 챙기면 좋으련만….

사람은 약간 긴장(tension)을 하면서 살아가야 합니다. 그렇다고 스트레스를 받으라는 말은 아닙니다.

긴장이란 마음을 약간 조인다는 것입니다. 가족, 사회, 해외생활에도 꼭 필요합니다. 항상 미리 계획을 세우고 준비하고 그래야만 마무리를 잘 지을 수 있고 실수가 없습니다.

주자학(朱子學) 중의 근사록(近思錄)에 이런 말이 있습니다.

"앞을 내다보고 기약하는 바를 멀리 또한 크게 할지어다. 그러나 이것을 실행함에는 모름지기 능력을 헤아려서 천천히 하라.

뜻을 너무 크게 품어 심노(心勞)해지고 능력은 부족하면서 책임이 무거우면 필경 일을 망치리라."

몇 달 남지 않은 밀레니엄, 새로운 천년을 맞고 있는 우리에게는 분명히 행운입니다. 시간의 흐름으로 그냥 지나칠 수는 없습니다.

실행할 수 있는 계획을 세워 미리미리 미래를 준비합시다.

1999. 9. 15. 가을

새로운 세기는 새로운 부대에 담아야

　밀레니엄의 카운트다운이 시작되어 국가마다 새로운 미래를 위하여 혼신의 노력을 기울이고 있습니다. 이제 며칠 남지 않은 한 세기는 서서히 저물어 가고 21세기는 많은 변화가 예상되지만, 특히 인터넷을 통한 신속한 정보전달로 세계 경제의 국경은 사라질 것으로 보여져 다가오는 세기의 변화에 대처하지 않으면 안 될 것입니다.
　정보통신망의 발달로 안방에 앉아 키 하나로 모든 게 해결되는 사이버 초 단위에 살게 되므로, 생활 속에 맹인이 되지 않기 위해선 신속하고 정확한 정보와 신기술을 익혀야 할 것입니다.
　세계 정보를 같은 시간대에 향유(享有)하려면 먼저 세계 공용어인 영어는 모국어처럼 할 수 있어야 하고, 개개인의 개성과 소질을 존중하는 교육을 통하여 새로운 세대는 무한한 창의력을 발휘할 수 있게끔 기회를 만들어 주어야 할 것입니다.
　지금은 벤처만능시대입니다. 21세기 산업구조는 대기업에서 기술력 있는 중소기업 위주로 재편되어 창의력 하나로 세계를 제패할 수 있는 개개인의 잠재력 경쟁시대입니다.
　그렇다면 이제 구습(舊習)에서 벗어나야겠습니다. 한국적 사고방식(집단, 지역이기주의)에서 벗어나 세계 시민으로 거듭나야 합니다. 자연과 인간에 순응하는 삶에서 아이디어를 찾아갑시다.
　새로운 세기는 새로운 부대에 담아 우리 함께 밀레니엄의 영광을 누리도록 합시다.

1999. 12. 7. 겨울

천국과 지옥

지난 몇 개월 동안 지인들의 방문이 많았습니다. 그분들은 한결같이 "천국에 살고 계십니다"라고 말했습니다. 얼마 전 전직 대통령께서도 이곳을 방문하시어 똑같은 말씀을 했습니다. 그렇다면 저는 정말 운이 좋은 사람입니다. 천국에서 벌써 20년째 살고 있으니….

복잡한 현대인의 두뇌를 새로운 생동감과 평화로움으로 회전시킬 수 있는 녹색환경이야말로 천국의 조건임에는 틀림없습니다. 멋진 창이 공항을 나서다 보면 아름다운 꽃과 수목(樹木)의 푸르름에 눈이 부시고 질서 있는 깨끗한 거리가 당신을 맞이할 때 누구나 아낌없는 찬미론자가 될 것입니다.

그러나 이곳에도 분명 보이지 않는 지옥이 있습니다. 일년 내내 고온다습에서 오는 무료감, 수많은 국가들 간의 치열한 경쟁 속의 중압감, 동서양을 잇는 국제관광 소비도시의 비싼 물가, 인간의 본능적인 자유를 통제하는 많은 법들….

좁디좁은 도시국가에 환경애호라는 인간이 만든 최대의 질서가 없다면 아마도 숨막히고 삭막한 열기는 여느 지옥과 다를 바가 없을 것입니다. 하지만 천국과 지옥은 마음에 있지 않을까요?

나무 한 그루의 싱그러움에도 새로운 생명과 사랑의 신비가 있음을 느끼는 마음의 여유를 가져 봅시다.

"Tomorrow is another day."

매일 새롭게 태어나고 새롭게 사랑하는 자야말로 천국을 소유할 수 있는 사람이라고 생각합니다.   2000. 3. 20. 봄

봉사와 기부

밀레니엄의 흥분이 5개월이나 지났습니다.
냉방기가 없으면 잠이 오지 않을 정도로 기온이 올라가고 있습니다. 싱가포르는 이 더위만 빼면 다 좋으련만….

5월은 가정의 달로 인간의 사랑을 한 번쯤 생각해 보는 의미 있는 날들이 많아 특히 해외생활을 오래 하고 있는 우리에게는 향수에 젖게 합니다.

경제위기라는 터널을 지나 회복이라는 열차를 탔지만 아직 소외된 계층이 많아 한인회에서는 한국학교 장학기금 모금 거북이마라톤대회를 했는데, 많은 사람들의 호응으로 아주 뜻있는 결과를 가져와 감사의 말씀을 드리고 싶습니다.

우리 조상들은 예부터 농경사회의 상부상조하는 생활을 체험하며 봉사와 기부라는 아름다운 전통을 지켜 왔습니다. 그러나 지금은 하루가 다르게 복잡다단해져 옆을 돌아볼 수 없는 각박한 세상으로 변해 가고 있습니다.

그렇다면 우리의 오랜 미덕인 봉사와 기부는 이 사회에 더욱 필요한 덕목이 아닐까요.

봉사(service)란 남을 위하여 자신을 돌보지 않고 애쓰는 것을 뜻하며, 기부(contribution)란 남을 위한 이런 마음을 물질적으로 베푸는 것을 말합니다.

정보와 통신의 발달로 지식의 전달은 빨라졌지만 인간의 심성이

메말라 가는 이때, 우리가 남을 위하여 봉사와 기부를 한다는 것은 인간의 미덕을 되찾을 수 있는 좋은 행위로 계속 지켜 나가야 할 기본적인 도리일 것입니다.

지난날에는 일회성이거나 기회를 보아 봉사와 기부를 해 왔지만, 이제는 정기적으로 계획을 세워 일정액이나 일정 시간을 따로 마련하여 계속적으로 생활화할 때가 왔다고 생각합니다.

지금 싱가포르에는 '한 가족 한 장애인 사랑하기'라는 캠페인이 널리 퍼져 나가고 있다고 합니다. 이런 것이야말로 인류를 풍요롭게 하는 사랑의 선물이 아닐까요.

2000. 6. 20. 여름

만남과 인연

인생은 만남과 이별의 연속입니다. 수많은 사람들과의 만남 그리고 이별, 그것은 인생의 마지막 날까지 계속될 것입니다. 세상에 눈을 떠 처음으로 맞이하는 부모와 자식간의 만남, 그리고 성인이 되어 결혼으로 맺어진 배우자와의 만남, 이런 운명적인 만남을 우리는 천륜(天倫)이라고 합니다.

옷깃만 스쳐도 인연이라는데 새로운 세기야말로 세계라는 한 지붕 속에서 민족과 언어에 관계없이 피부색이 다른 다인종과의 만남으로 얼마나 많은 인연을 만들며 살아가고 있습니까?

하지만 대부분 그저 스쳐가는 인연으로 끝나기도 합니다. 오래 간직하고 싶은 소중한 만남으로 이어지는 인연은 그리 흔하지 않습니다.

나는 오랫동안 해외생활을 해 오면서 많은 사람들과의 만남과 이별이 있었습니다. 만남의 정이 클수록 이별의 아쉬움도 컸습니다. 그들 중 지금도 끈끈한 정을 계속 이어오고 있는 것은 언제 어디서나 '버튼' 하나로 연결될 수 있는 편리한 세상 덕만은 아닌 듯합니다.

인생 50년을 훨씬 넘긴 요즈음 들어서도 만남은 계속되고 그 중 참으로 소중하게 간직하고 싶은 분들이 있습니다. 이런 만남을 평생 이어갈 수 있다면 그것은 어떤 금강석보다도 귀한 보석이 아닐까요.

인생의 빛나는 보석은 바로 소중하고 아름다운 만남 속에서 이루어지는 인연이라는 생각을 해 봅니다.

2000. 10. 7. 가을

싱가포르 환경

여기서 오래 살고 있는 사람들끼리 싱가포르(新加坡)에서는 숨만 쉬어도 월 15,000불 이상이 필요하다는 농담 아닌 진담을 종종 합니다.

사실 이곳은 물과 공기도 공짜가 아닙니다.

좋은 환경과 안정된 법질서를 누리긴 해도 외국인으로서 살아가는 데 그 대가가 너무 크다는 생각을 해 봅니다.

새로운 사업을 하기 위해 찾아오는 사람들에게 저는 다음과 같은 조건이 필요하다고 말해 줍니다.

- 재산이 많거나(Rich Man)
- 큰 회사의 적극적인 지원이 있거나(Big Supporter)
- 전문성이나 특수성이 있는 자(Specialist)

이 세 가지 중 한 가지라도 만족되지 않으면 차라리 여기보다 조금 못한 주변 국가로 가서 같은 노력을 한다면 빨리 정착할 수 있을 것이라는 조언을 빼놓지 않고 합니다. 그것은 그만큼 싱가포르에서 사업을 한다는 것이 어렵다는 것입니다.

IMF 이전에는 본국 파견 동포를 포함하여 6,000여 명이 살고 있었는데 경제 위기 때는 4,500여 명으로 줄었다가 금년부터 다시 증가하여 6,500여 명을 넘어서고 있습니다.

다행히 증가하는 동포들의 연령층이 낮아지고 있으며 금융전문가, 반도체 기술자, 정보통신 종사자, 벤처기업가, 서비스업 등 직업이 다양해지면서 전문직(Specialist)들의 창업과 취업이 증가하고 있습니다.

　그런 면에서는 동포사회의 형성이 바람직한 방향으로 변하고 있음을 실감할 수 있어 밝은 미래가 예상됩니다.

　'구슬이 서 말이라도 꿰어야 보배' 라는 속담이 있듯이 각자의 분야에서 흩어져 살지만 조국과 민족의 이름 아래 한마음으로 뭉쳐 단결하여 참여한다면 이곳 사회는 물론 조국의 발전에도 큰 힘이 될 수 있을 것입니다.

　뭉쳐야 산다는 평범한 진리를 깨닫도록 합시다.

2000. 12. 11. 겨울

제2부 사색의 광장

싱가포르에서의 삶

1982년 30대 중반에 싱가포르에 와서 30여 년의 세월을 이곳에서 보냈다. 내가 나고 자란 대한민국과는 기후부터 전반적인 생활환경까지 많이 다른 곳이지만, 싱가포르는 제2의 고향이라 할 만큼 편하고 익숙하다.

내 나라에서 생활했다면 결코 느끼지 못했을 새로운 경험, 여유로운 환경, 자연과 함께 하는 생활 등… 싱가포르는 내게 많은 것을 선물해 주었다.

싱가포르에서 생활하며 느꼈던 다양한 경험들을 틈틈이 메모하며 반추했던 내용들을 모아 보았다.

동심(童心)

순수하고 아름다운 마음, 동심…. 이것은 모든 사람들의 마음속에 자리잡고 있다.

푸른 하늘, 넓은 들, 시원한 냇가, 물장난, 감자 캐는 아낙네. 아마 내 아이들과는 좀 다른 추억이겠지만 나와 내 아이들의 어린 시절의 공통점은 그 시절의 순수함이 아닐까 생각한다.

'불가능(不可能)'이라는 단어는 어린 시절의 사전에서는 찾아볼 수 없을 것이다. 아이들의 눈으로 세상을 볼 때 모든 것이 단순하고 무엇이든지 할 수 있다는 희망으로 거대한 꿈을 갖게 된다.

하지만 나이가 들수록 삶의 깊이를 생각하게 되고 고뇌에 휩싸이다 보면 우리는 '불가능'이라는 것이 있다는 것을 알게 되고, 거대한 꿈도 점점 작아지는 것을 깨닫게 된다.

급속하게 변하는 사회의 흐름에 따라 모든 것을 신중하게 결과를 예상하며 선택해야만 하는, 더 이상 단순할 수 없는 바쁜 세상을 살아가면서 현실에 얽매어 마음의 여유를 잃게 되고 세상의 걱정거리로 마음의 문도 좁아지게 마련이다.

나이가 들수록 삶이란 혼자가 아닌 더불어 사는 것을 깨닫게 되면서 타인의 눈치를 보게 되고, 가끔은 하고 싶은 행동도 절제당하는… 즉 자유를 잃게 된다.

그러다 보면 어린 시절의 자유를 되찾고 싶은 마음도 생기게 된다.

"There is a child in all us."

나이와 상관없이 우리 마음속 어딘가에 순수하고 자유로웠던 어린 시절의 마음을 찾을 수 있다는 것이다. 다만 복잡한 사회에 얽매어 살다 보니 잠깐 잊고 있는 것뿐이다.

프랑스를 대표하는 지성이자 철학교수인 피에르 상소(Pierre Sansot)는 『느리게 산다는 것의 의미』에서 현기증이 나도록 빨리 돌아가는 현대에도 느리게 살 필요가 있다고 말한다. 왜냐하면 느림은 개인의 자유를 일컫는 가치이기 때문이다.

이제 현실에서 조금 떨어져 여유로운 마음과 시간을 가지며 살아가자.

지금 우리 현실은 어떤가? 눈만 뜨면 이념의 갈등, 세대 갈등, 경제의 불확실성 등 10억 만들기에 인생을 포기한 어리석은 아버지와 딸, 어불성설(語不成說), 온통 잊고 싶은 국내 소식뿐이니 독한 소주에 삼겹살로 자꾸 지방간만 채우는 우리여!

동심으로 돌아가자. 순수한 아이들의 마음으로 보면 세상의 높고 낮음도 우리의 높고 낮음도 없는 아름다운 세상이 아닐까?

리콴유 이야기

싱가포르 하면 리콴유(Lee Kuan Yew)를 떠올린다. 그는 싱가포르 개국 때부터 수상직을 지낸 싱가포르에서는 빼놓을 수 없는 정치지도자이다.

리콴유는 1923년 9월 16일 싱가포르에서 태어났다. 그는 중국의 북방계 유랑민인 객가 출신인데, 중국의 등소평과 대만의 이동휘 전 총통도 같은 객가 출신들이다.

중국에서는 '객가'라고 하면 기질이 매우 강하고 응집력이 강한 사람들로 평가받고 있다. 그들은 원래 중국 한나라 시대 귀족 출신으로 전란을 겪으면서도 집단 피난민 생활을 하며 남쪽 곳곳으로 이주하여 현재는 동남아 등지에도 많이 살고 있다.

리콴유는 고조부 때 중국에서 이주하였다고 한다. 1819년 영국인 스탬포드 래플스(St. Raffles)경이 싱가포르를 발견하고 막 개발하기 시작하던 무렵에 이주하여 왔으니 약 160여 년 된 집안이다.

리콴유는 부친 리친쿤과 모친 추아짐네오 사이에 장남으로 태어났는데, 그의 부친은 석유회사 고용원으로 있다가 퇴직하여 시계 수리일을 했으며 어머니는 일찍 작고하였다고 한다.

그는 학창시절 공부를 아주 잘하였으며, 매사에 적극적이고 활동적인 학생이었는데, 싱가포르 명문인 래플스칼리지를 졸업하고 영국 캠브리지대학 법학과에 장학생으로 입학하여 수석 졸업하였다.

부인 콰 걱추(Kwa Geok Choo) 여사는 리콴유보다 세 살 연상(1920년생)으로 역시 명문인 래플스칼리지를 졸업한 후 캠브리지대학 법학과에 입학하였으며, 그 당시 캠브리지대학에서 최우수학생으로 뽑힌 최초의 여학생이었다고 한다.

리콴유는 1950년 콰 걱추 여사와 결혼하여 아들 둘과 딸 하나를 두었는데, 장남 리센룽(Lee Hsien Loong, 1952년생)은 현재 싱가포르 총리를 맡고 있다.

리콴유는 지성적(Intellectual)이고 적극적(Aggressive)이며 정열적(Energetic)이고 야망(Ambitious)과 의리(Royal)가 있는 사람이라고 오랫동안 리콴유 공보비서를 지낸 영국인 알렉스 조세이(Alex Josey)는 평가하고 있다.

또한 리콴유는 미국 케네디 대통령을 존경하는데, 그도 케네디처럼 단 1초의 시간도 낭비하는 것을 싫어한다고 한다. 그는 사람을 만나는 데도 매우 신중하여 호전적인 선입관을 느끼게 한다고 한다.

1950년 8월 1일 영국 캠브리지대학 법학과를 수석 졸업하고 싱가포르에 돌아온 리콴유는 '좌경적 사상을 가지고 있는 내셔널리스트(A Nationalist with leftist leaning)'로 1954년 인민행동당(Peoples Actions Party)이 창당되어 가입할 때까지 약 100여 개 이상의 노동조합 법률자문으로 활동하였다. 특히 우체부(Postman)들의 파업사태를 성공적으로 변호하여 국민의 머릿속에 유망주로 인식되었다고 한다.

1954년 리콴유는 인민행동당 초대 사무총장직을 맡으면서 화려하고도 긴 정치 생애를 시작하게 되었다. 그리고 35세 되던 해인 1959년에는 영국 식민정부군으로부터 제한적인 독립을 부여받은 자치정부(Self-Government)의 초대 수상이 되었다.

그 이후 리콴유는 싱가포르를 강대국인 말레이시아 연방의 일원으로 가입시켰지만, 2년 후인 1965년에는 말레이시아 연방에서 축출됨으로써 시련을 맞기도 하였다.

당시만 하더라도 작은 섬에 바위와 늪지대가 전부이고 도박, 마약, 매춘이 들끓던 때라 말레이시아 연방으로 가입하는 것이 생존 전략 면에서 유리하다고 판단한 리콴유는 연방 가입을 추진하였고, 연방 가입 후 좌경 사상을 가지고 있는 내셔널리스트 리콴유가 말레이시아를 위협할 수도 있다고 판단한 말레이시아 연방은 말레이시아반도 최남단, 지금의 싱가포르로 쫓아 버린 것이 1965년 8월 9일, 말레이시아에서 분리되어 완전독립을 하게 되었다.

지금도 리콴유는 정치 생애 중 가장 크게 후회되는 것은 말레이시아로부터의 독립이라고 한다. 아마도 정치인으로서 더 큰 야망을 이루지 못한 것이 후회라고 생각하는 것 같다.

싱가포르 독립 이후 리콴유는 부존자원이 없는 섬나라 다민족국가를 생존(Survival)이라는 명제를 걸고 '쉬면 쓰러진다', '부패하면 망한다'는 정신으로 지도자로서 국민 앞에 서서 열심히 페달을 밟아 아시아의 일류국가로 만들었으며, 국민에게 자유는 덜 주어졌지만 풍유로움과 안락하게 살 수 있는 터전을 마련해 주었다.

리콴유는 1990년 11월 26일 수상직에서 스스로 사임하였다. 그때 나이 67세에 정치 생애를 마감하였으나, 선임장관으로 재직하면서 지난 수십 년간에 걸친 국정운영 경험과 해박한 지식을 활용하여 정치, 경제, 외교문제 등 국정 전반에 관한 자문 역할을 했다. 국민 여론상 논쟁이 있는 사안에 대하여는 직접 소견을 밝힘으로써 논쟁을 잠재우고, 정부가 추진하고자 하는 정책이 실행되도록 국정운영에 대하여 실질적인 영향력을 행사해 왔다.

  그가 싱가포르라는 나라를 자신만의 독특한 방식으로 통치하면서 자본주의도 사회주의도 아닌 싱가포르식으로 국가를 운영하여 성공을 거둔 것을 외국 언론들은 '아시아적 독재', '아시아적 권위주의', '왕조정치' 등으로 민주화 문제에 비판을 제기하고 있다.

  그러나 싱가포르가 독립 후 4반세기 만에 부정부패 없는 깨끗하고 유능한 정부를 세우고 자유무역주의를 기조로 삼아 세계 경쟁력 1위, 국민소득 3만 달러의 아시아 선진국으로 만들어, 1965년 말레이시아로부터 독립한 후 뱀과 벌레가 들끓는 늪지를 정원국가(Garden State)로 만든 것은 리콴유라는 정치지도자의 특출한 리더십일 것이다.

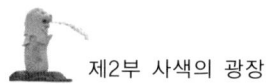 제2부 사색의 광장

여행의 기록

잘츠부르크를 다녀와서

   소금의 도시(whitecrystal), 음악의 도시, 겨울의 도시, 축제의 도시인 아름다운 잘츠부르크는 1964년 영화 'Sound of Music'의 촬영 장소로 더욱 유명하다.

   고랭지역에서만 자란다는 에델바이스의 향기와 아이들이 '도레미송'을 부른 Mirabell Garden, 영화의 주인공이 살았던 St. Gilgen Salzburgh 등은 유네스코가 세계문화유산으로 지정하여 보존하고 있으며, 1756년 세계적인 음악가 모차르트가 태어난 곳이기도 하다.

   알프스 산자락에 자리잡은 '소금의 성'이라는 뜻의 잘츠부르크 암반에서는 질 좋은 소금이 생산되어 4천 년 전부터 지금까지 시내 중

잘츠부르크에서 함인갑 신부님과 함께

간을 흐르는 잘자흐 강을 따라 전 유럽에 판매 공급되며, 부유한 도시를 형성하는 주 수입원이 된다고 한다.

이곳에서 생산되는 소금은 인체에 없어서는 안 될 미네랄이 풍부하여 예부터 유럽 귀족들이 소금을 많이 먹고 사용하는 것을 부의 상징으로 여겨 지금도 이곳 음식들은 짠 편이다. 한인들은 약 30명 정도 살고 있으며, 대부분 음악 '오페라'를 배우러 온 유학생들이다.

로마 멸망 후 696년 천주교의 주교(bishop)가 새롭게 도시를 만들어 대주교(archbishop)의 통치 하에 있어서 아직도 천주교의 유물이 많이 남아 있다. 이곳에서 박사학위 과정을 준비하고 계시는 함인갑 신부님을 만나 미사도 보고, 신부님과 함께 오스트리아 알프스의 최고봉(Grobglockner)을 오르는 행운도 가졌다.

내가 여기서 정말 하고 싶은 이야기는, 그곳 시내 한가운데 자리잡고 있는 작은 호텔에 대해서다. 우리가 묵었던 이 호텔은 방이 30여 개이며 잘 꾸며 놓은 별장같이 아늑하고 아름다운 산이 앞에 펼쳐져 있었다. 종업원은 모두 가족들이며 이들은 그날 동구 밖까지 나와 우리를 기다리고 있었다. 유럽 정통 기사복장을 한 주인과 가족들은 호텔 뒷마당에 도착하자마자 'Welcome' 이라고 쓴 큼직한 현수막을 걸고 아들(고2)과 딸(중2)이 맥주와 장미를 나누어 주며 우리를 진심으로 환영해 주었다.

복도를 따라 방을 찾아가니, 방문 앞에 아내와 나의 이름 밑에 '하룻밤 편안히 쉬어 가십시오' 라는 문구가 색종이로 장식되어 있고, 침대 위에 한 편의 짧은 이야기가 놓여 있었다. 나는 이 주인의 아름답고 정성을 다한 이야기를 여기에 소개하려 한다.

A 'Farewell-Good-night-story' Jung Young-Soo

FAR-SIGHTED

In a small house with a beautiful large garden lived a man who was blind because of a car accident many years ago. And the men spend many hours everyday to maintain the beauty of his garden. Once, there came a visitor who had heard about the blind gardener in town.

"Tell me, Sir, why do you do all that?" he asked the blind

man. "As people in town told me, you are completely blind! How could you enjoy the beauty of your garden if you can't see it?"

With a smile the blind gardener answered: "Well, there are some good reasons for it. You are right, I cannot see the colors of my flowers however I can smell each one. Another reason is you, sir."

"How could that be? We don't know each other!"

"Correct, I don't know you personally. On days like today sometimes people do come to my house from town, just like you, and pass by and stop for a little while. In my opinion, there exists no reason for not doing something because oneself would consider it is not worth doing it at first glimpse. But maybe give a small help to somebody else."

"I have never looked at it like that." the visitor thoughtfully said.

"And besides," continued the blind gardener with a big smile "People come along and enjoy the beautiful garden and chat for a while with me, just as you are right now. I think that means a lot for a man who is blind."

Herbert and family wish you a good night sleep, and be safe and comfortable returning home. We thank you for being with us and we hope to meet again in the future.

2004. 6.

지중해에서 가족과 함께

베네치아 st. Mark 광장에서

보길도에서

벗과 안개와 함께
조국의 땅끝 해남을 들러 보길도에 왔네

고산(孤山)의 낙서재를 돌아보고
우암(尤菴)의 글씨가 쓰인 바위 찾아
풍광에 녹은 선인(先人)의 한탄을 읽고

어부사시사를 쓴 해변에서
새끼 조약돌 한두 개 모아쥐고
길섶에 핀 봄꽃을 하나 따
아내 머리에 꽂았더니

세월은 흘렀지만 꽃보다는 님의 얼굴이
더 예뻐 나의 선택이 탁월했네
함께 온 인형(仁兄)들의 선택도 탁월했네.

미시(未時)가 되어도 자욱한 안개
보이는 섬이 외롭게 보여
나의 마음 묻어두고 갈까 봐.

2010. 5. 6.

지중해 선상에서

바다의 신비는
비가 만들었을까 바람이 만들었을까

솟아오른 바위섬에 하얀 갈매기가 집을 짓고
틈사이로 모자이크 된 생명의 초록빛
선상에 흐르는 웃음꽃이 행복의 물결 되어

우리도 바다의 신비를 만들어 가네.

밤하늘에 떠 가는 반쪽 달은
은하수 건너는 나의 동반자
하늘과 바다 그리고 나
한폭의 수채화 그려 마음에 담으니
온 가족 행복의 향기가

여행은 우리에게 신비의 꿈을 꾸게 하네.

2010. 6. 19.

제2부 사색의 광장

가족과 함께 한 소중한 순간

● ●
●

　　　　　　　　아버지와 어머니로부터 물려받은 강인한 체력과 불굴의 의지가 성실하게 삶을 꾸려 갈 수 있는 기반이 되었다면, 지혜롭고 현명한 아내와 착실하고 똑똑한 아이들은 내 삶을 아름답게 완성해 주었다.
　언제나 자랑스러운 가족들이 있어 사업과 사회활동을 성공적으로 해 나갈 수 있었다고 생각하니 다행스럽고 고마운 일이 아닐 수 없다.
　특히 아내는 자신을 낮추고 희생하는 한편, 글쓰기 취미활동을 꾸준히 하며 여러 매체에 기고한 바 있다. 가족과 함께 했던 뜻깊은 추억에 대해 기록한 아내의 글들을 여기에 함께 싣고자 한다.

백일 축하

구구일 다음이 백일이지
100은 꽉 찼다는 뜻이라네

100일은 한민족만 축하하는 풍습이라네
곰과 호랑이가 100일 동안 동굴에 들어가
곰만 100일 동안 참고 견디어 그의 아들이
단군 시조가 되었다네

이한이 태어나던 날
양 할아버지, 할머니, 그리고 외증조모님이
한참을 기다렸다네

울음소리 우렁찬 너를 처음 만난 순간
큰 눈에 윤곽이 뚜렷하고 머리카락은 한 뼘이나 되니
멋지고 큰 놈이 태어났구나
시(時)도 좋고 때(節)도 좋고 딱 맞추었다니…

아가야,
이 세상 오신 김에 좋은 세상 보시고
태어나기 전보다 나은 행복한 세상을 만들어 보게

태양이 항상 그곳에 있듯이
튼튼하게 높은 곳을 향하여 자라주게.

2010. 11. 21. 할아버지가

돌날 일기

손자가 여럿 있지만 가문을 잇는 손자가 돌을 맞았다.
아침부터 어린 손자에게 잘 보이려고 때빼고 광내고…
양복을 새로 맞추어 곱게 입고
서울 남산자락에 있는 돌잔치 장소로 가는 길에
모든 사람들이 옷맵시가 좋다고 하는데 유독 집사람만 별로라 하네.
좋은 날이라 이렇게 좋을까.

오랜 해외생활을 한 우리 가족
특히 이런 일 저런 일 때문에 뉴욕 생활을 하고 온 아들 부부의 아들
이한이 돌이라
친인척들 모셔놓고 상견례 하는 날이니
마음도 설레고 환희에 차네.
마침 단비가 내려 8월 무더운 여름 시원스레 열을 식혀 주는구나.

중국 고사에 비는 물이고 물은 재물이라고 하니
잔칫날 비(雨)는 좋은 길조(吉兆)라 하네.
사람이 태어나 좋은 날을 만들고 평생 영겁(永劫)을 통하여
행복한 세상을 만들어 가는 것이 우리 일이 아니겠는가.
지혜를 발휘하여 자손만대까지 계속 좋은 세상 만들어 가세.

이한아,
첫 선택에서 너는 쌀을 손에 담고, 미나리를 움켜쥐고,
실타래를 목에 감았지.
붓도 있고 벼루도 있었지만….
어쨌든 건강하게 튼튼히 자라다오.

2011. 8. 14.
이한이 돌날 서울에서 할아버지가

이한이 돌날 온 가족과 함께

사랑스런 손자 손녀들

아내의 글

서른여덟 해의 나들이

그이와 내가 웨딩마치를 올리던 때가 10년 전, 이제 10년 후 나는 그이로부터 결혼 10주년 선물로 사랑의 티켓을 받았다. 넉넉지 않은 살림에 세 아이와 내 몫의 비행기표 값은 꽤나 큰돈이다. 그이만 회사일로 혼자 남겨두고….

30일 짧은 여정의 여행길이지만 개구쟁이 세 꼬마의 장난 속에서도 나는 눈을 꼬옥 감고 그 옛날 한들거리는 코스모스 들길을 온갖 풀들의 향내에 취해 꿈 많던 소녀가 되어 고향길을 날아간다.

고향의 6월(음력)은 장마철. 혼자서 양계를 3백 마리나 치시던 어머니. 그 바쁜 틈에도 어느 날 동생을 업고 교실 뒷문으로 살며시 내 손에 비닐우산을 전해 주시던 따스한 손. 점심시간이면 아이들이 내 주위로 모여들던 일. 친구들과 나눠 먹으라며 넉넉히 만들어 주신 정성어린 계란 반찬 때문이었지. 어머니! 구부러진 가엾은 허리에 하얀 머리, 까슬히 메마른 그 손을 소중히 어루만져 드리고 싶다.

비행기에서 내려 고속버스로 장장 6시간을 달리면서 창밖으로 내다보이는 고향길, 푸르른 들판이 어찌 그리도 향긋한지! 들이쉬는 숨결 따라 마음속 깊이 온통 푸르름으로 채워진다.

남국 생활 10년. 너무도 희귀하고 아름다운 열대림의 그늘에서 마음껏 자연에 취하기도 하고, 때로는 이 지방 특유의 습진 때문에 온몸이 가려워 밤을 지새우던 일. 언제나 조국의 상품 수출에 온갖 열성을 기울이는 그이가 어느 날 내게 하던 이야기, "당신은 결코 일본 백화점엔 가지 말아요."

이곳에 와서 나도 몇몇 일본 친구를 사귀어 보았지만 그들은 개인적으로 만날 때는 아주 상냥하고 친절하지만 일단 뭉쳤다 하면 얼마나 강직하고 지독한지 모른다. 지금은 우리 상품이 세계 시장에 많이 전시되어 있지만 이곳 싱가포르에 있는 몇 개의 일본 백화점에서 우리나라 상품을 찾기란 매우 드문 일이다. 그들은 하나같이 자기네 백화점만 이용할 뿐 아니라 또한 다른 나라, 특히 우리나라와 같은 약소국의 판로를 방해할 때엔 정말 분노가 머리끝까지 치밀어오른다.

이럴 땐 하루 속히 우리나라도 강대국이 되어야겠다는 다짐을 굳힌다. 고향에서 내가 속옷이며 신발류, 기타 등등 몇 보따리를 만드는 것을 보시고, "아니, 그곳엔 더 좋은 것이 많을 텐데?" 하며 의아한 표정으로 보시던 어머니! 심지어 머리 퍼머까지도 고향에서 하는 것을 보시고 "너 참 애국자구나" 하며 환히 웃으시던 어머니!

어느 곳에서나 한국인의 기능은 우수하다. 이곳에 있는 동양 최대의 빌딩 '래플스 시티'도 우리 쌍용 일꾼들의 손으로 올려졌으며, 수많은 동포들이 얼마나 열심히 한국인의 긍지로 살아가는지 모른다.

30여 일의 고향길 여행 동안 몰라보게 많이 발전했지만 영원히 변치 않는 내 고향과 고향 사람들, 그리고 내 조국의 사랑을 한아름 안고 나는 가장 뜻있는 서른여덟 해의 나들이를 마쳤다.

오늘도 우리 식구들은 내가 가져온 국산 신발을 맵시 있게 신으며 그이의 노고에 감사하며 살아간다. 10년 후 내가 마흔여덟을 뜻있게 맞기 위해 고국땅 당신 곁에서 내 사랑하는 조국을 위해 할 수 있는 조그마한 힘을 키우면서 열심히 살아가련다. 어머니가 손수 만들어 주신 작은 봉지의 정성을 하얀 내 조국의 사랑 위에 펼치며….

1986년 중앙일보 아주 백일장대회 성인부 우수상

그대 앞에

겨울도 없는 밤인데 바람은 왱왱 유리창을 때리고, 몸부림 같은 야릇한 소음은 나의 잠을 송두리째 앗아가 버린다. 코르르 콜… 장단까지 맞춰 가며 자고 있는 무심한 남편.

어젯밤 사소한 일로 남편과 말다툼을 했다. 오랜만에 아이들의 방학을 맞아 한국에 다녀왔는데, 한국에서의 행선지가 화근이 됐다. 언제나 서울을 거쳐 곧바로 진주에 있는 시댁으로 갔었지만, 이번에는 부산의 친정집으로 먼저 가버렸기 때문이다. 시어른들의 노발대발은 당연히 참아내고 왔지만 큰소리부터 치는 남편이 하도 얄미워 나는 차분하게 설명하는 대신 맞장구를 쳤다.

"내가 언제 당신 말 밖에 난 적 있었느냐. 친정으로 먼저 가지 말란 법은 어디 있느냐. 50이 가까워 오는 나이에도 당신 말의 노예로만 살아야 되냐."

한참을 지껄이다 보니 쓰잘데 없고 힘도 없는 말만 잔뜩 늘어놓은 꼴이 됐다. 남편은 내 행동에 어이없다는 듯 큰 눈이 더욱 휘둥그레졌다. 어쩐지 이번만은 남편을 이기고 싶었다. 자꾸만 반항하고 싶어졌다. 결혼 적령기를 앞두고 말없이 수녀원에 들어갔다가 몇 년 전

훌쩍 그곳을 나와 버린 막내 여동생. 지금은 거제에 있는 중학교에 근무하는데 토요일 늦게 집에 돌아와 월요일 새벽에 떠나는 동생을 여러 해 동안 만나보지 못했었다. 그래서 일부러 행선지를 바꾸어 부산으로 달려갔던 것이다.

밀리고 당기고 말꼬리는 그치질 않았지만 큰딸의 마지막 재판에 우리는 누가 먼저랄 것도 없이 마침표를 찍었다.

"아빠, 엄마 큰 잘못 없어요. 막내이모 보고싶어 부산에 먼저 갔으니 아빠가 이해하셔야 돼요."

말을 끝냄과 동시에 서글픈 눈빛으로 돌아서는 딸.

'여자가 한 번쯤 큰소리치면 가장 자리가 바뀌기라도 하나.'

엎치락뒤치락 나의 허전함은 희뿌연 새벽까지 헤매었고 뻐꾸기는 벌써 다섯 번의 입방아를 찧고 들어갔다.

얼마나 지쳤을까? 무거운 눈을 떴을 땐 다시 뻐꾸기가 일곱 번을 울었다. 6시 반도 채 안 되어 학교로 떠난 아이들의 흔적이 마시다 만 우웃잔으로 식탁 위에 쓸쓸히 흩어져 있었다. 가슴이 아파왔다. 미운 남편이지만 아침상을 외면할 수 없어 국을 끓이고 상을 차린 뒤 한참을 기다리는데 기척이 없다. 내키지 않는 소리로 불러 보았지만 남편은 방안에도 화장실에도 보이질 않았다. 덩그마니 이불 모양만 남편 흉내를 내고 있을 뿐….

"치, 밥 안 먹고 가면 대순가."

쫑알거리는 내 입모양보다 마음은 더 비뚤어져 가고 있었다.

꼼짝도 하기 싫다. 집밖으로 나가긴 더더욱 싫다. 이리저리 침대 위에서 뒹굴며 잠을 청해도 창밖의 찌는 더위는 짜증만 더해 줄 뿐이다.

따르릉. 전화벨이 몇 번을 울린 뒤에야 맥빠진 손으로 허우적거리며 수화기를 드니 남편의 목소리가 들렸다.

"나야. 어젯밤 한숨도 못 자는 것 같던데, 늦잠 잘 잤어? 손님이 와서 공항 나갔다가 바로 출근했어. 아이들은 빵 한 조각과 우유 먹여 보냈으니 걱정 말고 점심이나 챙겨 줘. 그리고 오늘 저녁 7시에 파티 있으니 멋지게 차리고 나와. 귀한 손님이야."

직행버스처럼 달리던 남편의 말은 덜컹 정차해 버린다. 매사가 그러했다. 우리 첫 만남에서 변명 같은 남편의 한 마디, "힘들고 바쁜 세상 내 등에만 업혀 살아." 그 말을 생각하니 나도 모르게 피시식 웃음이 나왔다. 정확히 말해 전화를 받고 난 후 내 마음은 서서히 파도를 타기 시작했다.

뜨거운 연애는 아니었어도 결혼 17년 동안 우리 사랑은 변함없었고, 충실한 가장의 위치를 지켜 온 남편에게 늘 감사하며 살아오고 있었다. 나는 지금 이렇게 침대 위에서 뒹굴고 있는데, 공항으로 회사로 오가며 딱딱한 의자 위에서 시달리는 남편이 갑자기 가엾게 느껴진다. 깊은 주름살이 늘고 많지 않은 머리숱이 하얗게 변해 가고 있는데 내가 왜 이럴까! 나이 든 여자의 우울증이 내게 다가오고 있는 것일까? 엄마의 기분만큼이나 예민한 아이들의 눈망울이 떠오른다.

마른 하늘에 하늘의 축복이 내린다. '쫙쫙' 신나게 스콜이 뿌려지고, 세상은 더욱 생기 있는 희망으로 가득 차고, 그것은 내 마음 깊은 곳까지 와 닿고 있었다. 학교에서 돌아올 아이들을 위해 나는 요것조것 입맛 챙겨가며 요리를 한다.

'얘들아 미안해. 이 엄마, 늘 봄볕 같은 미소로 살게.'

돌아온 아이들의 밝은 모습이 나의 행복을 넘치도록 채워 주었다.

오늘 저녁 파티에 무엇을 입을까? 망설임 없이 마주친 옷. 지난번 생일선물로 남편이 손수 골라준 핑크빛 드레스를 차려입는다. 왼쪽 가슴 높이 네잎크로버 모양의 브로치로 잔뜩 멋을 부리며….

나는 사랑하는 그대 앞에 멋진 파트너가 될 행복의 미소를 흘린다.

1993. 12. 주부백일장 콩트부문 가작

진정한 친구가 되는 길

얼마 전 반 모임 성경공부 시간에 이런 대목이 있었다.
'우정어린 충고를 들은 적이 있는가?'
'충고를 기쁘게 받아들인 적이 있는가?'

머릿속에 쉽게 떠오르질 않았다. 기억하지 못해서일까? 아니면 그런 충고를 해 준 사람이 없었나? 내게도 분명 많은 잘못이 있었을 텐데…. 충고를 비판으로 받아들여 오해한 적은 없었나? 또는 충고한 답시고 상대편 기분을 심하게 다치게 한 적은 없었나? 아니면 많은 사람들이 내게 무관심했을까? 진정한 친구를 갖지 못함은 나 또한 진정한 친구가 되지 못했음이기에 당연하지 않는가?

생각은 꼬리를 물고, 저녁 마침기도를 할 때까지 왠지 마음 한 구석이 개운치 않았다.

갓 돌을 지낸 큰딸의 걸음마와 함께 조심스럽게 시작한 해외생활도 어느덧 20년이 가까워 오고, 절에 몸담고 계시던 시할머니께서 눈을 감으신 후에야 비로소 남편과 어렵게 치른 세례성사와 혼인성사. 이제 내년이면 우리 신앙생활도 10주년이 된다.

만나 정들기 시작하면 훌쩍 떠나가 버리는 친구들, 그 이별의 정이 아쉬워 깊은 정을 나누지 않고 살아온 게 아닐까? 고개 숙여 다시 한 번 나를 돌아다보니 가장 가까운 남편의 충고에도 괜히 고약하게 꼬집는 것 같아 변명 같은 항거로 맞섰던 나의 버릇, 나의 믿음은 아직도 걸음마를 하고 있을까?

부족했던 지난날이 아픔으로 가슴 깊이 죄어들었다.

만약 늘 아끼는 분재에 벌레가 생겨 병들어 간다면 무관심하게 그냥 버려두진 않을 것이다. 어떻게든 그 원인을 찾아 병체를 없애려 노력할 것이며, 사랑하는 아이들에게 나쁜 버릇이 있다면 부모는 최선을 다해 잘못된 점을 고치게 하도록 애쓸 것이다.

이제 믿음과 사랑으로 우리 모두 진정한 친구가 되자. 우정 어린 충고를 들려 주고, 기쁘게 받아들일 수 있는 친구는 그리 흔하지 않다. 노력하고 인내하는 자에게만 믿음과 사랑의 꽃은 피어나리라. 하여 더 높게, 주님을 향하여 믿음으로, 더 넓게, 이웃을 향하여 사랑으로 나의 십자가의 성을 쌓아 가리라.

1993. 12.

어머니의 비밀

얼마 전 앨범 정리를 하다가 빛바랜 사진 한 장을 보았습니다.

제가 간직한 가장 젊은 당신의 모습이 그 속에 담겨져 있었습니다. 어머니 양옆으로 나란히 앉은 언니와 나, 그리고 우리를 둘러선 서커스 단원들….

꿋꿋하고 힘찬 모습은 어디 가고 지금은 혼자 서시기에도 벅찬 애처러운 굽은 허리, 허약해지신 모습을 생각하면 가슴이 저려옵니다.

모두가 끼니 걱정으로 어렵던 보릿고개 시절, 우리 마을에 서커스단이 들어왔습니다. 마을 공터에 커다란 천막을 치고 큰북과 요란한 나팔소리로 지나가는 사람들을 유혹했지만 코흘리개 꼬마들의 호기심을 키울 뿐 가난에 찌들린 사람들에게 서커스 구경은 딴 세상이었습니다.

관객이래야 아이들의 성화에 못 이겨 온 할아버지, 할머니들, 그마저도 단원들의 수와 엇비슷한 정도였습니다. 여남은이나 되는 단원들이 마땅히 있을 곳을 찾지 못해 천막 속에서 어렵게 견디고 있을 때 어머니는 억지로 방 두 칸을 비우시고 어느 날 서커스 단장을 불렀습니다.

"어디를 가나 어려울 텐데… 그래도 이 동네에선 제일 큰 집이니 노숙이나 면해야지요."
하시면서 그날부터 큰 솥에 밥을 지으시고 수제비를 끓여 내셨습니다. 몇몇 아주머니들이 밀가루를 모아 오기도 하고 일을 거들어 주시기도 했습니다.

그럭저럭 달포쯤 지난 걸로 생각됩니다. 달이 밝은 보름날 저녁에 그들은 어머니에 대한 감사의 표시로 온 마을 사람들을 모아 무료공연을 해 주었고, 새벽 일찍 떠나는 단원들에게 술떡을 만들어 넣어 주며 걱정하시던 어머니, 낡은 사진 속에는 아직도 당신의 사랑이 흐르고 있었습니다. 그때 어둠 속에서 빛나던 당신의 사랑이 참 자랑스럽고 흐뭇했답니다.

어머니는 넓은 앞마당을 남새밭과 꽃밭으로 나누어 막내딸처럼 예쁘게 가꾸시고 뜰 모퉁이에 조그만 닭장을 만들어 도시락 속에 빛깔 좋은 계란 반찬을 넉넉하게 넣어 주시면서 "짝과 나누어 먹어라." 하셨습니다.

갓 쪄낸 호박잎과 싱싱한 오이냉국은 보리밥과 잘 어울리는 멋진 여름 반찬이었고, 구수한 수제비는 어머니의 손끝 맛이 그대로 담긴 별미였습니다. 간혹 보리밥이 희끗희끗한 날이면 밥숟가락이 빨라지는 우리 모습을 보시며 지그시 행복을 눈에 담고 계셨습니다.

그때까지만 해도 우리 집이 가난하다고 생각하지 못했습니다. 어머니의 사랑과 정성이 늘 우리를 눈멀게 했기 때문인지도 모릅니다. 언제부터인가 푸다 만 것 같은 어머니의 밥그릇, 속이 거북하시다며 맨 나중에 드시던 어머니. 한 살 터울인 언니와 나는 서로 약속이라도 하듯 번갈아 가며 어머니의 몫으로 밥을 남겼는데 그때마다 어머니는 "얘들아, 배곯으면 키가 안 자란다" 하면서 야단을 치시기도 했습니다.

  그 여름이 끝나고 겨울의 문턱에서 우리는 어머니의 밥그릇 속에 꼭꼭 숨어 있는 비밀을 알아내었습니다. 엎어진 종지가 밥 흉내를 내며 수북한 밥그릇으로 우리 눈을 속여 왔던 것입니다. 어머니가 우리 마음을 읽어 버린 것입니다. 그날 밤 우리는 이불 속에서 베개 속이 퉁퉁 붓도록 가난과 사랑의 눈물을 쏟았습니다.

  어머니, 우리는 철부지였습니다. 결혼 이듬해에 훌쩍 해외로 떠나와 세 아이들 키우며 새 가풍에 물들다 보니 어느덧 제 나이도 오십을 훌쩍 넘어 버렸습니다. 이제사 당신을 돌아보는 불효 딸을 용서해 주십시오. 어머니 이름 앞에 저는 영원히 철부지입니다.

  9월이면 막내아들이 대학생이 됩니다. 이 여름이 다 가기 전에 꼭 당신을 찾아뵙고 작은 사랑이나마 돌려 드리고 싶습니다. 부디 안녕히 계십시오.

1999. 6.

야유회

버스 다섯 대를 채울 수 있는 신자 수가 늘어나서 참 좋았다.
열 가족 정도로 시작된 우리 교회가
신부님이 안 계신데도 하느님 사업은 조금씩 커가고 있었다.
1박2일 말레이시아 뎃사루로 첫 야유회를 가니
아이들보다 어른들이 더 신이 나고
우리는 그동안 잘 몰랐던 형제자매들 간의 정을 쌓으며
수다와 스트레스를 밤 파도에 실어 보냈다.
다음날 배웅 나온 원숭이 한 가족에게
헤어지기 아쉬워 바나나 나르던 막내아들의 팔뚝에
고약한 늙은 원숭이가 그만 자국을 남기고 말았다.
돌아온 밤은 이야기꽃으로 깊어가는데
해마다 이런 야유회를 갖자며 남편과 나는 손을 꼬옥 잡았다.

1988. 10. 어느 날의 일기 중에서

주부백일장

저만치 뛰노는 세 아이를 두고
주부백일장 한마당에 앉았다.
눈부시게 맑은 하늘이
싱가포르 비상수(非常水)가 된다는 저수지에
잔잔한 평화로 한 폭의 그림처럼 흐르고
풀 냄새 꽃향기가 몸을 적시니
마음은 벌써
하얀 새털구름 되어 떠 가는데….

이름 모를 열매를 까던 작은 다람쥐
'끼익' 원숭이 소리에 몸을 숨기고
새끼 원숭이 떼들이 쪼르르 나뭇가지 그네를 타다
어느새 내 눈은 세 아이 발길을 쫓고
별 일 없다며 큰 딸애가 손짓을 보내는데도
어쩔 수 없는 시를 쓰는 젊은 아내는
조마조마 엄마의 자리에 앉아 있었다.

1993. 5. 어느 날의 일기 중에서

결혼기념일

결혼 1주년
설렘과 기다림
남편은 훌쩍 출장을 떠나고

결혼 2주년
기대와 꿈
남편은 해외 첫 발령을 받고

결혼 3, 4, 5…주년
사랑의 확인
부모님 초대 손님 초대
아이들 걸음마, 내 걸음마

달력 속엔 동그랗게
결혼기념일만 그려 있을 뿐
머리맡엔 12월이 하느작거리네

설렘과 기대
그리고 미련
무심한 남편 마음 세월 따라 흐르고

어느덧
결혼 햇수처럼 느는 남편 이마의 주름살
임신 달수처럼 쌓인 내 하얀 머리

우리 결혼기념일을 잊어버린 채
벌써 중년이 되었네
성숙한 큰딸처럼 내 마음도
성숙해 가고…

어느 날
남편의 변명 한 마디
'우린 매일 결혼기념일이잖아'
그래도
밉지 않은 그대
18년이 하루 같은 그대

가장 좋은 결혼 선물, 그대 사랑이여
가장 소중한 나의 꿈, 아들 딸들이여

하여도
그날만은 아직도 설레는 여자.

1994. 9. 30. 주부백일장 입선작

돌아온 명품

둘째와 셋째를 미국 동부 명문학교에 입학시키고
제발 아이들 걱정 말고 잘 지내시라는 선생님의 부탁도 있었건만
나는 수개월 동안 외출도 외식도 하고 싶지 않았다.
자꾸만 아이 룸메이트의 옷장에 널려진 명품 옷들이 마음에 걸린다.
'이제 곧 한파가 올 텐데….'
큰 마음먹고 명품 두 벌을 사서 보냈다.
그런데 하얀 종이 위에 둘째 딸아이의 마음이 함께 돌아왔다.
"사랑하는 엄마, 저희 걱정은 하지 마세요.
엄마 나이 되면 사 입을게요. 이쁜 것으로 바꿔 입으세요."

아무래도 내 생각이 짧았나 보다.

1995. 11. 어느 날의 일기 중에서

세 남매의 결혼

새벽 4시면 출근하는 앵커 큰딸이 연애를 한다.
행여 부모님 깨실까 봐 초인종도 누르지 않고
요즈음 매일 새벽 장대비가 쏟아지는데도
문 밖에는 우산을 받쳐든 남친이 서 있다.
8시면 출근해야 할 남의 집 귀한 아들이 걱정된다.
보고싶어 이 시간이면 저절로 눈이 뜨이다니…
그가 착한 내 큰사위다.

혼기가 늦은 언니의 양해를 얻고
둘째딸이 먼저 시집을 갔다.
아빠 친구 아들을 세 번 보고 찍었다나.
의사 딸을 바라던 아빠 마음을 헤아렸는지
자상하고 든든한 의사 사위를 데려왔다.
결혼식 날 아빠와 함께 춤을 추는
딸애의 유별난 아빠 사랑이 눈에 선하다.

막내아들은 학벌과 매너가 굿이란다.
어느 한 군데 부족함이 없다는 게
내 자랑만은 아닌 듯…
모두들 탐내는 대망의 청년으로 자랐다.
그런데 여자 보는 눈은 그야말로 짱이다.
멋지고 착한 아내를 맞이했다.   2008. 12.

나의 길 싱가포르에서

상하(常夏)의 열기가 바람을 타고
초록빛으로 녹아내리다
꿈이 되어 싹을 틔우며…

시샘하듯 먹구름이
한 줄기 천둥 비를 쏟아내면
어느덧 하늘은 높고 푸르르다.

새끼 다람쥐와 아이들
원숭이 떼들이 숨바꼭질 하고 노네.

풀잔디 깔고 앉아
시를 쓴다는 젊은 여인
마음은 조마조마
행여
아이들과 눈 마주치고 있네.

태평양 멀리 유학을 보내고
명문가들 틈에서 기죽을세라
마음먹고 사 보낸 나들이옷 몇 벌
하얀 쪽지와 되돌아왔네

모두가 아름답고 소중한 나의 길
아들 딸들아!

무심코 마주한 거울 속 내 모습
30여 년 반생을 살아온 이곳 생활이
고스란히 세월의 흔적을 담고 있네.

하여도
오늘
나의 길에
예쁜 그림을 그린다.

아이야!
작은 소망도
넓은 세상을 향하여
모두를 위해
큰 꿈으로 키워 보렴.

2010. 12.

어디쯤일까

내가 아는 사람 중에 이런 사람 있었네.
그 사람 잘 알지만
기억나지 않는다고
기억 속에 지워 버렸다고…

내가 아는 사람 중에 이런 사람 있었네.
그때는 알았지만
이제는 가물가물
기억 속에 희미하다고…

내가 아는 사람 중에 그 사람은
그때는 잘 몰랐어도
기쁠 때나 어려울 때나
기별 없이 찾아가도 반겨줄 사람
오랜 벗이라고

나는 어디쯤일까?

2011. 10.

내가 제일 잘나가

참 오랜만에 온 가족이 함께 모였다.
어린이집이 따로 없구나 싶다.
하루가 다르게 재롱이 늘어나 웃음꽃을 피워 주니
손주 자랑은 돈 내고도 할 만하다는 생각이 든다.
매일 한 가지씩 망가지고 고장나고
"경제에 도움이 될 거야" 남편도 껄껄 웃었다.
지금은 손자 손녀가 넷이지만 곧 다섯 여섯 될 테니…
요즘 유행하는 아이돌 노래
'내가 제일 잘나가'
행복이 내 앞에 있었다.

2012. 1. 어느 날의 일기 중에서

나의 꿈들아

사랑하는 아들 딸들아
큰 꿈을 이루려면 시련도 있단다.
시련에 흔들리지 말고 용감하여라.
존경과 겸손과 감사할 줄 알며
때로는 다른 이의 가르침도 귀담아 들어야 한단다.

온유한 마음, 희생하는 마음의 평화가
사랑과 기쁨을 주고 행복을 가져다준다.
내가 행복하면 가족이 행복하고 이웃이 행복해진다.
행복 바이러스는 밝은 사회를 만드는
우리 모두의 의무란다.

간혹 푸른 하늘을 보며
미래를 그려 보렴
거기엔
슬픔 뒤에 미소가 있고
따뜻한 가슴이 있단다.

2012. 2.

제3부

실천의 광장

싱가포르에 처음 부임했을 때 한인사회는 각종 단체가 만들어지기 시작한 태동기에서 발전기로 접어든 시기였다. 한인회, 한국학교, 상공회의소 등에서 단체장을 하다 보니 연설문, 축사 등 원고들이 차곡차곡 쌓여 정리하게 되었다. 개인의 역사일 뿐 아니라 한인사회의 역사가 그대로 담겨 있어 그저 내버리기 아깝기도 하여 몇 가지 원고를 새로 써서 한 권의 책으로 엮어 보았다.

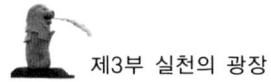
제3부 실천의 광장

자랑스러운 한국인

국제경영 부문

● ●
●

일이 취미인 사람도 있다. 국내 굴지 CJ그룹의 글로벌 경영고문이며 '조직관리의 귀재'라 불리는 정영수 싱가포르 한국상공회의소 회장이 주인공이다.

정영수 회장은 싱가포르는 물론 동남아 지역에서만큼은 '마이다스 손'으로 통한다. 국내 기업들의 동남아 진출의 등대 역할은 물론 기업, 교민들의 지위 향상과 함께 한인사회의 크고 작은 각종 어려움에 관한 자문에 대해 보이지 않게 그의 영향력이 많은 도움이 되었기 때문에 붙여진 애칭이다. 경남 진주 태생인 그는 학창시절 '깜둥이'라는 별명도 있다.

그는 대기업의 사원으로 1977년 홍콩법인에 첫 진출, 오늘에 이르기까지 '해외에서 졸면 죽는다, 항상 깨어 있어야 한다'는 신념 하나로 그동안 수출한국의 최일선을 지켜낸 의지의 한국인이며, 거물급

한상(韓商)들을 이끄는 리딩 CEO이다.

지난 9월 열린 제3회 세계 한인의 날 행사에서 우리 정부로부터 한-싱가포르 수출교역 증대와 양국 우호증진과 경제문화 교류 등에 기여한 공로로 '국민훈장 모란장'에 서훈되었는가 하면, 최근엔 국내 최대 그룹인 CJ그룹의 글로벌 경영고문으로 영입된 바 있는 인물이다.

수재형의 빠른 두뇌회전에 정확한 판단력, 그러면서도 둔필승총(鈍筆勝聰, 둔한 기록이 총명한 머리보다 낫다), 습관처럼 기록하고 본능으로 기록하는 메모광이다. 꼼꼼하면서도 솔직담백하고 명분과 순리를 존중하는 성격에 폭넓은 대인관계를 맺고 있어 주변에 적이 없다는 것이 강점이다.

준수한 외모에 다부진 몸매, 타고난 건강은 남보다 몇 배의 일을 하면서도 지칠 줄 모르며, 기다릴 줄 아는 긍정적이며 소탈한 성격, 부하 직원에게 자상한 면도 오늘의 '정영수'를 존재하게 하는 데 한 몫 했다는 평이다.

깔끔한 매너와 조용하고 모나지 않는 처신으로 싱가포르, 동남아 등은 물론 세계적으로 저명하면서도 다양한 경제계 인사들과의 폭넓은 교분, 한 치의 빈틈 없는 기업 활동과 각국의 지역사회, 경제, 문화발전에 기여한 업적은 그의 세련된 처세술과 함께 자신의 인격적 힘으로 작용한다.

싱가포르 한인회장(8년), 한국학교 재단이사장(6년), 민주평통 지회장(8년), 상공회의소 회장(4년)을 역임하고 싱가포르 현지단체인 싱가포르 국제상공회의소 및 싱가포르 전경련 임원으로 활약, 국가위상을 높이는 데 크게 기여하고 있다. 주변에선 지금까지 그의 흐트

러진 모습을 단 한 차례도 본 일이 없는 자기관리가 철저한 현장경영을 중시하는 총사(總司)라는 평을 듣는다.

그는 오랜 해외영업의 경험으로 잘 다듬어진 매너와 끈기, 신용을 생명처럼 지키는 영업의 귀재로도 널리 알려져 있다. 그의 오늘이 있기까지는 그가 인내와 땀으로 쌓아 온 신용과 대외 신인도와 업무 추진 능력이 깊게 뿌리내린 결과로 풀이된다.

자기가 옳다고 생각하고 명분이 있고 해야 할 일이라면 기어코 해내고야 마는 강인한 의지의 소유자로 진정한 정도가 무엇인지를 아는 소신과 논리가 뚜렷해 산적한 상공회의소 현안과제도 깔끔하게 소화할 수 있을 것이라고 보는 견해가 많다.

정 회장은 이른바 세계화 시대의 새로운 기업 환경에서는 전문지식과 국제감각을 지닌 인재들이 더욱더 필요할 것으로 오래 전부터 예측, 그들이 국제 실물경제를 각종 국제회의나 포럼을 통해 더 많은 해외 정보기술을 얻을 수 있는 방안을 오랜 기간 신중하게 연구 검토해 온 것으로 알려지고 있다.

그 결과 싱가포르와 동남아 지역에서는 처음이라 할 수 있는 국제학교, 월드–옥타 차세대 무역스쿨 설립에 깊숙이 관여, 수출한국 발전 공로에 없어서는 안 될 인물로 추앙을 받고 있다.

기업경영 활동에서도 오른손이 하는 일을 왼손이 모르게 하라는 것이 그의 경영소신이다. 그러나 경영현장에서만큼은 조용하고 치밀한 성격의 소유자답지 않게 역동적이며 지구력이 뛰어난 인물이라는 것이 주변의 한결같은 평이다.

정영수. 그는 뛰면서 생각하는 인간형이다. 부지런하기로 소문난 그는 지금까지도 한번 인연을 맺은 지인은 그가 원치 않는 어려움을

한-싱가포르 수출교역 증대와 양국 우호증진과 경제문화 교류 등에
기여한 공로로 '국민훈장 모란장'을 받았다.

당한 경우라도 변함없이 계속 이어나가는 것을 철칙으로 알고 있다. 거래선 역시 예외는 아니다. 그들의 얼굴에 생기가 돌아야 나도 행복을 누릴 수 있다는 경영논리이다. 때문에 다소는 미련하게 들릴지 몰라도 철저한 천주교 신자인 그에겐 그것이 곧 서로에게 감사하며 윈-윈 하는 지혜로운 방법이라는 생활철학을 갖고 있는지도 모르는 일이다.

그가 그늘진 사회 곳곳에 주변 인물들도 모르게 따뜻하게 많은 온정의 손길을 펼치는 것을 아는 사람들은 흔치 않다. 정 회장은 인연을 끝까지 소중하게 가꿔 나가는, 거래선들과의 신인도를 생명처럼 여기고 진정한 배고픔이 무엇인지를 아는 그런 끈끈한 인간미가 강점인 동남아 한인사회를 결집시키는 덕장의 총사 모습을 굳건히 지켜 나가고 있다.

정 회장은 "성공한 국제기업인이라는 표현보다는 조국 대한민국의 경제육성 발전을 위해 지금도 음지에서 표나지 않게 열심히 뛰는 한국인으로 표현되길 바란다"라고 했다.

그는 이러한 관점에서 볼 때 자신이 걸어온 길은 분명 하느님의 축복이라고 했다. 그러나 지금도 무탈하게 세계 곳곳을 그에게 일의 터전으로 삼게 해 준 그 축복이 참으로 더욱 감사할 뿐이라고 강조했다.

2009. 12. 31. 한국일보

제3부 실천의 광장

싱가포르 한인회장

1993. 1~2000. 12

발상의 대전환

다사다난한 한 해를 보내며 다시 희망의 새해를 맞는 이 뜻깊은 자리에 공사다망하신 중에도 이렇게 참석하신 손 대사님, 그리고 여러 내외 귀빈 여러분께 먼저 심심한 감사를 드립니다.

정직하고 애국적인 정치지도자 한 사람의 자기희생적인 구국의 결단으로 유일하게 아시아의 네 마리 용 중 승천 선진국이 된 싱가포르는 연일 계속되는 한국의 개혁에 초미의 관심을 보이고 있습니다.

1993년 해방 이후 처음 일치된 국민적 지지로 정치, 경제의 구조적 대수술을 감행하여 정직한 한국으로, 희망 있는 한국으로 국제무대에 새로 태어나는 진통과 환희의 한 해였습니다. 우리에게 한국민의 자부와 긍지를 되살려 준 김 대통령의 문민정부에 진정한 감사와 치하의 갈채를 보냅니다.

　그러나 코카콜라 한 잔의 청량감만으로는 냉엄한 패자 필멸의 국가 경제력 게임에서, 차오르는 가쁜 숨을 누르고 경쟁 상대국을 앞지르기에는 시간도 능력도 부족합니다. 안으로의 정화와 재정립에 시간을 보내는 동안, 우리는 밖으로의 싸움에서 뒤떨어져 아시아의 네 마리 용에서 탈락, 남미의 칠레에도 추월당하는 경제성장 부진에 처해 있습니다.

　따라서 우리의 모든 관심은 국가 경제력 회복에 쏠려 있고, 어떻게 하면 우리가 이룩한 국민적 화합의 바탕 위에서 기업들이 마음껏 뛰도록 할 수 있느냐에 정부와 국민의 총 국력이 집중되어 있습니다. 재계의 경제 활성화 의지 천명에 화합, 정부의 효율적 금융산업정책의 뒷받침으로 투자 활성화 등 투자 마인드가 다시 살아나고, 기업은 총력 수출과 국제 경쟁력 강화로 선진국 진입의 견인차로 자처하고 나섰습니다.

　우리 한인회도 이 경제전쟁에서 수출 및 건설 그리고 금융의 가장 중요한 국제 경쟁 전진기지의 하나인 싱가포르를 지키기 위해, 고통 분담과 근검절약으로 실질적인 한인 공동체를 이룩한 뜻깊은 한 해였습니다.

　우리는 선진국민의 여유를 단순 모방하는 생활태도를 버리고, 우리 현실에 맞는 해외생활을 지향, 정식 한국인 학교를 개교하여 불필요한 외화 낭비 및 교육적 국제 미아 방지에 근본적인 대책을 수립함으로써 국적 있는 초·중·고 교육이 실시되었습니다.

　또한 한인회 계간지인 『한누리』를 계속 발간하여 교민들의 화합

및 한국적 정서 함양, 그리고 다소나마 국제 경쟁력 강화와 생활 합리화 등 사고의 전환을 현실적으로 시도하였던 소중한 한 해였습니다. 희망찬 미래에의 시작은 항상 공동체를 인식한 과감한 발상의 전환에서 비롯됨을 역사가 증명하기 때문입니다.

  세계에서 가장 열심히 일한 해외 한국인 공동체 중의 하나로서 싱가포르 한국인 사회가 이미 한국 경제사에 기록되어 있습니다. 이제 남은 것은 어떻게 이 기록을 유지 보존하느냐 하는 것입니다. 국가와 민족의 장래가 경제 회복 및 안정 성장에 달려 있는 94년에는 열심히 뛰는 싱가포르 교민, 주재 상사들의 활력소로서 한인회를 이끌어 가겠습니다.

  금년에도 여러분 정말 수고 많으셨습니다.

  새해에도 사업 더욱 번창하시고, 가내에 화평과 건강이 항상 함께 하시기를 기원합니다.

1993. 12. 한인 송년의 밤

『한누리』 대담

"우리 경제의 청신호를 위한 첫걸음입니다"

한인회는 97년도부터 해마다 싱가포르 한인들을 대상으로 더욱 바르고 윤택한 생활을 위한 캠페인을 펼쳐 나가기로 하였다. 한인회가 그 첫 해인 97년도에는 '국산품을 애용하자'를 한인회 캠페인으로 정하고, 보다 효율적인 실천방법을 모색해 나가고 있다. 한인회 정영수 회장으로부터 이번 캠페인의 취지와 전개방법 등을 들어 보았다.

・・・ 안녕하십니까? 97년 제8대 한인회장 임기를 새로 시작하시면서 '국산품을 애용하자'는 한인회 캠페인을 전개해 나가고 계신데요, 이 캠페인을 시작하게 된 동기가 있으시면 말씀해 주십시오.

모두 알고 계실지 모르겠습니다만 작년도 무역적자가 230억 불, 총외채가 1천억 불에 달하고 있습니다. 여기에 인건비, 물류비용이 상승하고 공장부지의 상승 등으로 국제경쟁력이 점차 떨어져 가고 있습니다. 또한 과거 노동집약적 산업구조에서 기술집약적 산업구조로 넘어가는 과도기인데다가 주위 동남아시아 개발도상국의 부상으로 상황은 더욱 어려워지고 있으며, 이러한 여러 상황으로 볼 때 우리나라 경제가 어려운 시기에 처해 있다는 것을 알 수 있습니다.
이러한 때 해외에 사는 한인들이 솔선수범하여 우리나라의 재화와 용역을 의도적으로 사용하고 깊은 관심을 가져야겠다고 생각했습니다. 현실적으로 해외에서는 좀더 싼 가격의 질 좋은 전자제품이나 상품, 음식을 선택할 수가 있는데, 이런 눈에 보이는 이익을 접어두고 조금 더 비싼 한국 제품을 애용할 수 있을지 모르겠습니다.

　우선은 우리나라가 처한 경제 위기 상황을 공감하는 것이 중요합니다. 외국에 있으니까 강 건너 불구경 하듯 내 나라의 경제 상황을 무시해 버리기 쉬운데, 나라가 잘 돼야 외국에 나와 있는 우리도 떳떳한 것입니다. 이미 많은 한인들이 국력의 차이가 세계에서 어떻게 다른 대우를 받게 되는지 피부로 느끼고 있을 것이라 생각합니다. 우리가 우리 것을 무시하고 외제만 맹종하듯 사고, 쓰고, 먹으면 결국 그 나라만 잘 살게 하는 것이지요.

　우리 제품이 세계에 나가 자기 나라 국민조차 거들떠보지도 않고 천덕꾸러기 취급을 받는다면 세계 어느 나라 사람들이 우리 제품을 좋다고 사겠습니까? 설사 우리 것이 좀 비싸고 부족하다고 하더라도 그것은 바로 우리만이 이해할 수 있고, 우리만이 덮어 줄 수 있는 것입니다.

••• 현재 '국산품을 애용합시다' 란 캠페인은 어떤 방법을 통해 펼쳐 나가고 계십니까?

　우선 한인회에서 나가는 모든 홍보물에 '국산품을 애용합시다' 라는 캠페인 문구를 적고 있습니다. 무엇보다 한인회에서 국산품 사용을 솔선수범해 보여야겠습니다. 『한누리』를 통해서도 홍보하고 한국학교, 토요 한글학교 학생들에게도 교육을 통해 계도해 나갈 예정입니다.

··· 캠페인을 펼친 이후 회장님께서는 스스로 어느 정도 호응하고 있는지요?

얼마 전에 국산컴퓨터에 인터넷을 설치했는데 한국 컴퓨터업체에 의뢰했습니다. 저는 골프공도 한국 제품을 이용하고 있고 신발이나 와이셔츠, 속내의 등도 모두 한국에서 사다가 사용합니다. 출장 갈 때도 우리나라 항공기가 다니는 나라에는 꼭 우리나라 항공기를 이용합니다. 우리 한인 한 사람 한 사람이 별 것 아니라도 작은 것 하나부터 국산품 애용을 실천한다면 이 캠페인의 성공 여부를 떠나 우리나라 경제는 회생할 가능성이 충분히 있다고 확신합니다.

해외에 오래 사셨으니까 외국 사람들의 자기 나라 제품 애용 정도를 잘 알고 계시리라 생각됩니다. 경제 대국으로 불리는 일본만 하더라도 자국 제품을 사랑하고 애용하는 정도가 상당합니다. 물론 전 세계적으로 일본 제품이 많이 수출되어 쉽게 접근할 수 있는 여건이긴 합니다만, 그래도 그들의 국산품 애용은 신봉에 가깝습니다. 자기 나라 제품을 무조건 제일로 여깁니다. 말레이시아 사람들도 그들이 만든 차 PROTON을 얼마나 자랑스럽게 생각하는지 모릅니다. 그 제품이 무엇이든지 간에 그 나라 국민이 제일 아껴 주고 애용해야 그 제품의 명성과 가치가 높아집니다.

··· 국산품 애용은 한인들만의 노력으로는 좋은 성과를 기대할 수 없다고 생각합니다. 한국 기업체, 식당 등에서도 뭔가 노력이 요구된다고 생각하는데요.

맞습니다. 간혹 어느 한국 업체가 한국 사람들에겐 불친절하다는 말이 들리곤 합니다. 만약 한국 여행사나 항공사, 식당에서 한국 사람보다 외국 사람들에게 더욱 친절하다면 누가 다시 이용하겠습니까? 물론 외국인에게도 친절한 서비스를 해야겠지만 우리나라 사람에게도 좋은 서비스가 제공되어야겠습니다. 그래야 우리가 스스로 외국 사람들에게도 자랑스럽게 권하지 않겠습니까?

• • • 앞으로의 계획이나 바람이 있으시면 말씀해 주십시오.

물론 여기에 강제성은 없습니다. 다만 우리 모두 고국이 처한 현실을 다시 한 번 직시하고 그것을 우리 문제로 받아들인다면 많은 한인들이 호응해 주리라 믿습니다.

당장은 조금 금전적인 불이익을 보더라도 먼 안목을 가지고 국산품 애용을 확대해 나간다면 21세기 대한민국의 경제는 분명 청신호가 될 것입니다.

1997. 4. 5. 봄

52주년 광복절 축사

   52주년 광복절을 기념하기 위하여 오신 대사님, 강장열 고문님, 그리고 회원 여러분!
   일제 36년간의 치욕을 말끔히 씻고 그동안 이루어 놓은 놀랄 만한 우리 업적을 되돌아봅시다.
   세월의 흐름은 참으로 빠릅니다. 2차 세계대전이 끝나 우리가 일본의 통치로부터 벗어난 지 52년이라는 세월이 흐르고 있지만 이 땅은 아직도 둘로 갈라진 채 남아 있습니다.
   한때는 진정한 광복은 통일이라 생각하였고, 실제 우리는 통일이 멀지 않았다고 가슴 설레며 밝은 앞날을 내다보기도 했었습니다. 옛 소련에서 일기 시작한 개혁과 개방의 바람을 타고 공산 진영이 몰락하고, 동서로 갈라진 독일이 통일되고, 중국과 우리가 국교를 맺던 무렵 우리는 무슨 모임만 있으면 그 모임을 끝내면서 '우리의 소원은 통일'이라는 노래를 소리 높여 합창했었습니다.
   그런데 이제 그 열기는 서서히 사라지고 있습니다. 금세기 안에 통일된 당당한 자유민주 선진국으로 21세기를 맞이하겠다던 희망과 의욕도 점차 수그러들고 있습니다.
   지금 북녘에서 들려오는 소식은 자유는 고사하고 먹기조차 어렵다는 신음소리입니다. 억압에 시달려 하고 싶은 말을 마음대로 입밖에 내지도 못하는 그곳 동포들이 가냘프게 뿜어내는 하소연은 살려 달라는 것입니다.
   지금 우리는 가만히 앉아 있을 수가 없습니다. 우리는 반드시 7천만 우리 겨레가 모두 잘 살게 되는 통일을 찾아야 하고, 못살아도 좋으니 하나가 되기만 하면 된다는 그런 통일은 피해야 할 것으로 봅니다.

오늘 52주년 광복절을 맞아 진정한 광복을 위해서는 우리가 통일에 대비하여 꼼꼼히 준비할 필요가 있습니다. 유비무환이라는 말이 있듯이 앞으로 벌어질 그 많은 일들에 만전을 기해야 하겠지만 아직 대비가 덜 됐다고 초조해하거나 불안해할 필요는 없습니다. 우리가 살아오면서 경험한 바로는 비관보다는 낙관이, 부정보다는 긍정이, 소극보다는 적극이 보다 나은 결과를 가져오기 때문입니다.

우리가 언제 8·15광복에 대비하고 있다가 그날의 감격을 안았고 6·25동란에 대비하고 있다가 그 참화를 견뎌냈습니까? 다만 오늘 광복절을 맞아 우리는 오직 조국의 통일과 21세기를 선도하는 민족으로 살아갈 수 있도록 한 번 더 마음을 다짐하면서 미래를 준비하여야 하겠습니다. 미래를 준비하는 민족만이 세계를 지배할 수 있습니다.

감사합니다.

1997. 8. 15. 광복절 기념식

1997년 송년사

공사다망하신 중에도 한인회 총회에 참석하여 주신 대사님, 고문님 그리고 여러 회원님께 진심으로 감사와 환영의 말씀을 드립니다.

작년 12월 12일 총회를 끝내고 꼭 일 년 만에 여러분을 뵙게 되니 세월의 흐름이 유수와 같다는 말이 실감납니다. 그러면서 작년과 올해가 어떻게나 세상살이가 다른지 어리둥절해지는 것은 비록 저뿐만은 아닌 것 같습니다.

1997년은 한국 역사 속에 중요한 전환점으로 뚜렷이 기록될 것입니다. 연초 이래 오늘까지 대기업의 연쇄 부도사태와 주식 폭락, 환율 폭등과 외환위기 등으로 결국 IMF에 도움을 청하면서 경제주권을 남에게 넘겨 주는 치욕의 길에 들어섰습니다.

그러나 이것은 약간의 정직성과 분별력을 발휘한다면 지금의 사태는 초고속 개발 30년의 한국 경제가 배태해 온 씨앗의 당연한 결과임을 인정하지 않을 수 없습니다. 물론 지금의 경제위기는 현 지배그룹의 관리 능력 부재에서 비롯되었음을 부인할 수 없는 것을, 정부는 기업에 기업은 정부에 위기의 책임을 서로 전가하고 정부와 기업은 가계와 소비자에게 책임을 떠넘겨서는 새로운 시대를 열어 갈 수 없습니다. 이제부터는 정부, 기업, 가계가 책임을 공감하고 모두 함께 타개하지 않으면 안 되겠습니다.

저희 한인회에서는 일찍 금년의 어려움을 예측하고 97년은 '국산품을 애용하자'는 캠페인을 전개하여 해외여행시 국적기 이용, 국적 은행 이용, 전자제품 국산품 구입운동, 소모품과 학용품 국산품 이용 등 싱가포르 한인회원 여러분의 적극적인 협조로 큰 성과를 거두었다고 자부하고 싶습니다.

98년에는 '외화를 절약하자' 라는 운동을 적극적으로 캠페인할 예정입니다. 저희 한인회는 나라가 안정되고 잘 살아야 해외에서 생활하는 우리도 자신감을 가지고 당당하게 살 수 있다는 것을 실감하고, 지난 11월 12일부터 캠페인을 시작한 이래 전 세계 한인회로 확산되어 엄청난 효과를 거두고 있다고 합니다.

작년 총회에서 제가 개회사를 할 때 이런 말을 하였습니다. "세계 어느 나라 교포보다 훌륭하고 교양 있고 학식 있는 분들이 주재하고 있기 때문에 이곳에서는 어느 누구를 만나도 안심하고 대화할 수 있고 즐길 수 있습니다. 이것은 국내외 어느 지역을 총망라하여도 찾아볼 수 없는 아주 이상적인 사회라 할 수 있겠습니다"라고 말한 것이 생각납니다.

정말 싱가포르 한인회원 여러분께서는 국내외 어떤 지역을 방문하시더라도 훌륭한 한국이라는 명망이 따라다니게 될 것입니다. 계속하여 모범과 자긍심을 가지고 노력하여 주시길 당부드립니다.

이런 좋은 점을 계속 유지하기 위해 98년도에도 너와 내가 아닌 '우리' 로 살아갈 것을 부탁드리면서, 98년 한인회 캠페인인 외화를 절약하고 절약한 외화를 국내로 송금하여 한국 경제를 살리는 데 한몫을 차지할 수 있도록 적극 동참하여 주시기 바랍니다.

끝으로 열심히 국가를 위하여 불철주야 노력하시는 회원 여러분, 98년에도 여러분의 가정에 행운이 가득하시기를 축원하면서 인사말을 마치겠습니다.

1997. 12. 11. 한인 송년의 밤

외환위기 극복 캠페인

대기업들의 잇단 흔들림과 경제난이 겹친 현재 우리나라는 외국 투자자의 증시이탈로 주가가 폭락하고 금융시장이 불안하여 지난 4월부터 나돌던 금융위기가 현실로 오지 않을까 극히 우려되는 시점입니다. 금융위기, 외화부족 등으로 대외 신용도가 추락될 것이라는 외신보도를 접할 때마다 우리가 국가와 민족을 위하여 미력하지만 무엇인가 해야 될 것 같습니다.

나라가 안정되고 잘 살아야 해외에서 생활하는 우리도 자신감을 가지고 당당하게 살 수 있다는 것을 누구보다도 여러분이 실감하고 계실 것입니다.

97년 한인회에서는 '국산품을 애용하자' 라는 캠페인을 펼쳐 많은 호응을 얻었습니다. 97년 12월 1일부터 시작되는 98년 한인 회계연도에는 '외화를 절약하자' 로 정하여 오늘부터 적극 실천하기로 하였습니다. 지금부터 우리가 보유하고 있는 외화를 적극적으로 한국으로 송금하여 지금 처해 있는 외환위기를 극복합시다.

1. 부모형제 지원 조기 송금
2. 기업자산 부채 정리 및 신용장 등 신속 개설
3. 학자금 조기 송금
4. 국내 금융기관에 저축 1구좌 이상 적립
5. 기타 국내로 송금 자금 조기 실현

1997년 12월 말까지 한 달에 한 가구가 US$100 보내기 운동을 전개한다면, 싱가포르 한인회가 약 1,700가구임을 고려할 때 월 US$ 170,000이 됩니다. US$ 1,000이면 170만 불이 되며, 전 해외 거주 한인 520만으로 확산된다면 엄청난 도움이 될 것으로 믿습니다.

지금까지 열심히 국가를 위하여 불철주야 노력하시는 회원 여러분께서 적극 동참하여 주시기 바랍니다. 해외에서 모은 돈을 국내로 송금하는 것도 우리 경제를 살리는 데 큰 몫을 차지하게 됨을 다시 한 번 더 강조합니다.

결 의 문

- 우리는 조국의 새로운 변화와 질적구조 개선 노력에 적극 동참한다.
- 우리는 현지에서 근검절약하는 생활을 하고, 현재 생활비에서 10% 이상 절약하여 저축한다.
- 우리는 국산품을 애용하고 매월 미화 100불 이상 국내로 송금한다.

따라서 결의문에 따른 구체적인 실천계획 내용은 다음과 같습니다.
(97년 12월부터 98년 2월까지)

- 연말연시 선물 주고받지 않기 운동 적극 실시
- 각종 회식 등 외식 자제(특히 외국인 경영 식당에서)
- 개인명의 연하장 안 보내기 운동
- 국산품 사용 비율 높이기(생활용품, 화장품, 학용품, 운동 소모품 등)
- 국적기, 국적선사, 국적은행 적극 이용

- 낭비적인 송·신년회 금지
- 골프 1회 줄이기(싱가포르 주재 한인끼리 사적인 운동 줄이기)
- 대중교통 이용
- 전기, 국제전화, 가스 및 수돗물 사용 줄이기
- 월 미화 100불 이상 국내 송금

참고 : 싱가포르 주재 한국계 은행에서는 한인회 외화 보내기 운동 지원의 일환으로 본국 송금분에 대하여 최대의 봉사와 최소의 수수료로 동참하기로 하였습니다. 본국 송금은 한국계 은행을 이용하시기 바랍니다.

1997. 12. 16.

김대중 대통령 환영사

저희 6천 명 동포는 존경하는 김대중 대통령님 내외분의 싱가포르 방문을 진심으로 환영합니다. 아울러 저희를 격려해 주시기 위하여 오늘 특별히 이 자리를 마련해 주신 데 대해서 삼가 깊은 감사의 말씀을 올립니다. 저희는 김 대통령님의 영도하에 우리 조국 대한민국이 IMF 경제위기에서 벗어나고, 또 역사적인 남북정상회담을 성사시켜 평화와 도약을 향한 새로운 한반도 시대를 열게 된 것에 대하여 무한한 자부심과 긍지를 느끼고 있습니다.

특히 대통령님께서 남북 화해와 민주주의, 인권 신장에 헌신해 오신 공로로 인류 최고의 영예인 노벨평화상을 수상하신 것은 저희 동포뿐만 아니라 대한민국 온 국민의 영광스러운 상이기도 합니다. 진심어린 존경심과 신뢰를 담아 축하드리오며, 대통령님의 뜻을 받들어 조국의 발전을 위해 한층 더 헌신과 봉사로 보답하고자 합니다.

동포사회의 발전은 곧 조국 발전의 밑거름이라고 생각합니다. 저희 동포사회는 더욱 굳게 단합하여 조국 발전과 더불어 한·싱가포르 양국 관계 발전을 위하여 일심 노력하겠으며, 한반도의 평화와 남북 공존을 이룩하시려는 대통령님의 큰 뜻을 향해 우리 모두 심력(心力)을 다하도록 하겠습니다.

존경하는 김대중 대통령님 내외분의 싱가포르 방문에 대해 다시 한 번 전 동포를 대표하여 환영의 뜻을 전하며, 조국의 발전과 통일 과업에 큰 서광이 비치고, 대통령님 내외분의 만수무강을 기원드립니다. 감사합니다.

2000. 11. 16.

한인회장 연임인사

　부족한 저를 다시 한 번 연임하게 해 주셔서 대단히 감사합니다.
　특히 이번에는 투표에 의하여 연임이 되었지만 장기집권이라는 꺼림칙한 굴레를 벗어나지 못했습니다. 그것은 대의에 의하여 소신껏 앞으로 2년 동안 조국과 여러 회원님들을 위하여 노력해 달라는 것으로 알고 열심히 하겠습니다.
　지금 사회는 다양하고 신속한 변화를 겪고 있으며, 많은 정보와 봉사를 요구하고 있기 때문에 이곳에 나와 있는 정부 대표인 대사관은 인원과 재정의 한계로 정치, 외교, 통상, 교민 보호에도 시간이 모자랄 정도입니다. 그러므로 저희는 문화, 교육, 현지 생활정보, 체육 등을 보조하면서 친목과 화합, 단결로 국가와 이곳 사회를 위하여 열심히 노력해야 합니다.
　따라서 99년 한인사회는 '단결과 화합으로 위기를 극복하자'는 캠페인을 하고자 합니다. 동의하시면 박수를 보내 주시기 바랍니다.

　여기에는 여러분의 지속적인 협조와 참여가 있어야 되겠습니다.
　한국에서 나오신 상사원이나 주재원, 이곳에서 자영업을 하시는 분 모두 참여하여야 하겠습니다. 3년 정도 있으면 돌아가는데 하는 마음이나 또 상사와 기관 책임자의 성격과 능력에 따라 참여도도 현격하게 차이가 날 수 있습니다. 그렇지만 사람은 가도 기업은 영원히 이곳에 남아 있기 때문입니다.
　사실 저도 일정한 시간이 되면 떠나야 할 타국생활이라는 입장은 여러분과 비슷한 처지입니다.

　그렇다면 내가 내 일을 하고 내 힘으로 살아가는데 무슨 단체가 필요한가 하고 외면하기 쉬운데, 우리는 분단된 조국에 살고 있는 한 민족입니다. 이곳에서라도 힘을 합쳐 이곳 사회와 조국을 위하여 단결하고 화합하여 이 위기를 극복하고 다가오는 2000년대의 세계 속에 우뚝 선 우리 국가와 민족을 위하여 전력을 다해야만 우리는 진정한 한국인이 되는 것입니다.

　앞으로 저와 더불어 2년 동안 우리 모두 하나가 됩시다.

　감사합니다.

1998. 12.

한인회장 퇴임사

평의원 2년, 부회장 6년, 회장 8년 등 한인회에 16년간 봉사를 했습니다. 지난 8년 동안 부족한 제가 한인회장직을 대과 없이 마치게 된 것은 회원 여러분의 적극적인 협조와 지원이 아니고서는 불가능했습니다. 한 번 더 고개 숙여 감사의 말씀을 드립니다.

사회에 봉사를 한다는 마음으로 최선을 다하였습니다만, 때로는 회원님들의 뜻을 헤아리지 못한 경우도 있었음을 잘 알고 있습니다. 모든 것을 너그럽게 이해하여 주시길 이 자리를 빌려 부탁드립니다.

저는 8년간의 회장직을 마치면서 다음과 같은 교양서적에서 본 두 가지를 말씀드리고자 합니다.

첫 이야기는 『아낌없이 주는 나무』(쉘 실버스타인 지음)입니다.
"소년은 나무에 매달리어 그네도 뛰고 사과도 따먹고 피곤해지면 나무그늘 아래서 단잠을 자기도 했습니다. 소년은 나무를 무척 사랑했고 나무는 무척 행복했습니다." (중략)

이렇게 시작되는 이야기에서 우리가 얻을 수 있는 교훈은 나무와 소년과의 아낌없이 주고받는 사랑과 희생입니다.

두 번째 이야기는…

개미와 코끼리가 함께 다리를 건넜습니다. 코끼리 무게 때문에 다리가 심하게 흔들렸는데 건너편에 도착하자 개미는 이렇게 말했습니다.

"친구, 나 때문에 다리가 흔들렸지?"

자신이 끼친 영향이 없는데도 개미의 이 말은 남을 나무라지 않고 함께 더불어 산다는 좋은 교훈이 되는 것 같습니다.

이 두 이야기에서 말하는 사랑과 봉사, 그리고 함께 더불어 산다는 정신을 지켜 나갑시다. 저 자신도 꼭 실천하도록 노력하겠습니다.
마지막까지 경청하여 주셔서 감사합니다.
다사다난하였던 2000년도 이제 저물어 갑니다. 한 해를 잘 마무리 하시고 다가오는 새해에는 하시는 일과 가정에 행운이 함께 하시길 빕니다. 감사합니다.

2000. 12. 한인 송년의 밤

『한누리』 50호 발간에 즈음하여

1992년 처음에는 한인회 25년사를 정리하여 발간하고자 하였으나 지난날의 기록이 거의 없어 실패를 했습니다.

그 이후에 교민 간의 소식, 문학, 정보지로서 연결고리가 필요하다는 생각에 따라 한인회보『한누리』가 1992년 4/4분기 12월 총회 때에 탄생하였습니다. 처음 창간할 때는 분기별 발행으로 예정하고 시작이 반이라는 생각으로 시작하였으나 제한된 한인회 직원과 재정으로 얼마나 갈 수 있을까, 한인회장 8년 동안 내내 무척 불안하였습니다. 그런데 50호라니….

오랜 이민 역사를 가진 싱가포르 한인회가 먼 훗날 후배들에게 유산으로 물려줄 한인 역사를 기록으로 남겨야 한다는 책임감과 『한누리』를 통하여 교민 간의 정보 교류와 친목을 통하여 밝은 한인사회를 만들어야 된다는 필요성으로 무리한 기획을 한 것으로 기억됩니다.

『한누리』 창간호에는 한인회 노력으로 한국 정규학교가 정부보조와 한인회 모금으로 같은 시기에 설립되어 학교 운동장에서 뛰어노는 어린이들을 사진에 담아 한인사회와 함께 하는 한국학교를 창간호 표지에 담았습니다. 그 표지의 아이들이 성장하여 지금 군인으로 국가를 지키는 의무를 수행하고 있거나 한국, 미국, 호주 등 세계 여러 대학에 재학하고 있어『한누리』도 그들과 같이 청년으로 성장했다는 뿌듯함이 이 글을 쓰는 내내 느껴집니다.

한 가지 아쉬움이 있다면『한누리』를 바탕으로 1997년 생활정보를 제공한다는 취지 아래 250페이지에 달하는 책자를 발행하고 2년마다 수정 보완하여 한인회 회칙과 역사, 싱가포르의 역사, 사회, 문화, 경제, 법률, 관광 등 필요한 정보를 총망라하여 한인회원, 방문객, 관광객들에게 배포하여 이곳을 방문하는 모든 분에게 없어서는 안 될 지침서가 되었습니다만, 지금은 중단되어 안타깝기 그지없습니다.

『한누리』는 처음부터 소식지로서 만족하지 않고 교양지로서 역할을 하기 위하여 부단한 노력을 한 결과, 세계 한인회보 중 제일 내용이 충실하고 기획이 뛰어나다는 칭찬을 여러 해외 지역 한인회장님들과 한인들로부터 받았습니다.

또한 이곳에서 생활하다가 고국이나 다른 지역으로 떠나신 분들의 요청으로 회보를 우편으로 계속 받고 있는 분들께서도 고맙다는 감사의 전화와 편지가 오고 있습니다.

특히 『한누리』는 이곳에서 생활하는 한인들이 계절의 변화를 느끼지 못하여 표지에 사진으로나마 조국의 아름다운 사계절 풍경을 실어 계절의 흐름과 정감으로 고국을 느끼고 부모와 형제자매를 생각하는 향수를 불러일으키도록 만들어 저는 1호부터 49호까지 자식처럼 소중히 간직하고 있습니다.

모든 것은 정성을 들인 만큼 좋은 결과를 가져옵니다. 앞으로도 계속 발전 성장하여 나가도록 모두 아끼고 참여하여 월간지로서 만날 수 있도록 지원합시다.

『한누리』 50호 기념 발행을 진심으로 축하합니다.

2005. 7.

『한누리』 100호 발간에 즈음하여

『한누리』 100호 발간을 진심으로 축하합니다.

한인회원 여러분, 그동안 안녕하셨습니까?

1992년 12월에 창간하여 끊임없이 달려와 벌써 100호 발행을 앞두고 있다니, 이 기회에 한인회 박기출 회장과 모든 한인회원들의 노고에 심심한 감사를 드리며 또한 축하드립니다.

지금은 싱가포르 한국상공회의소 회장으로 있지만, 『한누리』 100호 발행을 앞두고 있는 이 시점에 지난 1988년도에 한인회 임원으로 시작하여 1993년부터 2000년까지 한인회 회장으로 활동했던 기간과 현재 한인회 고문으로서 바삐 지낸 지난 세월을 다시 한 번 돌아볼 수 있는 기회가 된 것 같습니다.

돌이켜보면 1992년 10월부터 부회장으로서 창간호 발행을 위하여 회의를 계속했던 기억이 납니다. 우선 경비면에서 많은 어려움이 있었지만, 한인회 역사를 쓴다는 책임감으로 봄, 여름, 가을, 겨울 호를 만들기로 결정하고 한국학교 학생들을 창간호 표지에 실었습니다. 그들은 지금 어엿한 대한민국 성인이 되어 활동하고 있으니, 『한누리』가 100호를 만드는 데 20년이라는 세월이 흘렀습니다.

한누리의 첫째 글자 한은 '하나의 큰 바른' 이라는 뜻을 가지고 있으며, 둘째 글자 누리는 '우리' 의 고어로서 세상세계를 뜻합니다. 따라서 한누리는 '하나의 큰 바른 세상' 을 의미하는 것입니다.

그리고 창간호를 발행하는 날 제가 한인회장에 취임하여, 계절에 따라 매 초 발행하여 한국의 풍광을 담아 1년 동안 기후가 변함없는 싱가포르에서 고국의 향수를 느낄 수 있도록 편집했던 기억이 새롭습니다.

특히 『한누리』를 만드느라 당시 약 싱달러 8,000불의 경비를 조달하기 위해 많은 광고주들을 괴롭힌 기억이 나며, 매번 1,000부를 발행하여 무겁고 부피가 많이 나가 대한항공과 아시아나항공에 부담을 주어 그 당시 항공사 직원들이 곤욕을 치른 기억이 납니다.

그러던 『한누리』가 한 달에 한 번 발행되고 있으니 많은 발전을 하였으며, 한편으로 매달 발행하는 어려움을 알고 있기에 한인회의 노고에 감사를 드립니다.

한인회가 앞으로도 변함없이 한인사회의 핵심으로, 또한 『한누리』가 한인사회 소식지로 유용한 정보를 제공함으로써 한인사회 발전에 지속적으로 기여하게 되기를 바랍니다.

2011. 7.

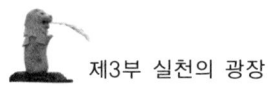 제3부 실천의 광장

싱가포르 한국학교 재단이사장

1996. 7~2000. 6

한글학교 개교 20주년 기념사

　세계에서 자기 나라 글과 말을 갖고 있는 우수한 민족으로서의 긍지와 자부심을 대대손손 물려주기 위해서는 2세에 대한 정규교육보다 중요한 것은 없을 것입니다.
　더욱이 세계가 일일 생활권이 되어 가는 이 시대에, 해외에서 살면서 공부한 해외동포 자녀들의 특출한 국제감각과 국제적 실력으로 앞으로 성인이 되었을 때, 국제무대에서 한국의 국위를 선양하고 한국의 경제 및 문화 발전에 크게 이바지할 것을 굳게 믿습니다.
　오늘 한글학교 개교 20주년을 즈음하여 이제야 학교 건물을 갖게 되었으니, 이제는 교육 내용을 어떻게 충실하게 하고 그 질을 높이느냐 하는 중대한 문제를 앞에 두고, 우리 문화를 교육시키는 데 필요한 도서 및 민속자료의 확보 그리고 교실과 교사 확보를 위하여 하나하나 이 문제들을 풀어 나가는 데 전력을 기울일 것입니다.

교사 여러분!

여러분도 국제교육 현장에서 봉사하는 교사로서 긍지와 자부심을 갖고, 불편한 점이 많더라도 보람을 느끼시고, 더욱 연구하시어 헌신하여 주실 것을 기대합니다.

친애하는 한글학교 임직원 여러분!

남이 알아주든 알아주지 않든 나라사랑의 사명감 하나로 땀흘리는 여러분 덕분에 우리 2세들의 미래는 밝고, 한국의 꿈나무는 그 뿌리를 든든히 조국에 내리게 되는 것입니다.

박 교장님을 비롯하여 교사 여러분의 노고에 다시 한 번 감사드립니다.

1993. 12. 11. 한글학교 개교 20주년 기념식

한국학교 제1회 졸업식 축사

여러 가지 어려운 여건 속에서도 많은 분들의 도움으로 한인사회의 숙원사업인 싱가포르에 국내와 같이 정규교육을 받을 수 있는 한국학교가 설립되었고, 오늘 이렇게 씩씩하고 아무 탈 없이 소정의 과정을 끝낸 졸업생 여러분에게 축하의 말씀을 드립니다. 또한 시설이 완전치 못하고 여러 가지 부족한 환경 속에서도 용감하게 자녀들을 보내 주신 학부모 여러분께도 찬사를 보냅니다.

올해는 광복 50주년이 되는 해입니다. 조국은 금년을 세계화의 원년으로 삼아 남북통일을 앞당기어 세계 속에 선진국으로 도약할 수 있도록 여러 분야에서 과감하게 개혁을 하고 실천하고 있습니다.

이런 뜻깊은 해에 이곳 싱가포르의 한국학교가 제1회 졸업식을 맞게 되니 참으로 감개무량합니다. 여러분은 미래 한국의 희망입니다. 밝고 굳세게 대한의 아들딸로 자라 훌륭한 사회의 일꾼이 되길 바랍니다.

끝으로 충분치 못한 여건 속에서 열정적으로 가르치시는 훌륭한 선생님들께도 감사드리면서, 졸업생 여러분에게 당부하고 싶은 말은, 여러분은 제1회 졸업생이므로 자부심과 긍지를 가지고 여기 남아 있는 후배들을 위하여 모범이 되고 항상 최선을 다하는 선배가 되어 주시기 바랍니다.

감사합니다.

1995. 2. 16. 한국학교 졸업식

한국학교 준공식 축사

개교식의 기쁨을 나눈 것이 엊그제 같은데 다시 교사를 신축하고 준공식의 자리에 서서 여러분의 모습을 대하게 되니 '하늘은 스스로 돕는 자를 돕는다'는 말이 실감납니다. 지난 6개월간의 공사를 거쳐 이 배움의 장을 새로 신축한 것은 학생들의 소망과 이곳 한인사회의 바람이 이루어져 나가는 과정이라고 생각합니다.

그러나 아직 해야 할 일이 많이 남아 있습니다. 앞으로도 변함없는 성원을 아끼지 않으실 한인회원 여러분, 교육은 백년대계라 했습니다. 우리 기성세대가 할 수 있는 일은 이 학교가 많은 인재를 배출할 수 있도록 훌륭한 여건을 마련해 주는 것입니다.

이곳에서 수고하시는 여러 선생님들과 더욱 빛나게, 힘차게, 자라날 대한의 아들딸들의 모습이 있는 한 이곳 싱가포르 한국학교는 여러분의 꿈과 함께 앞으로도 계속 발전해 나갈 것을 믿어 의심치 않습니다.

끝으로 싱가포르 한국학교를 위하여 기꺼이 협조를 아끼지 않으시는 대사님과 학교 관계자 여러분, 그리고 한인사회 여러분께 깊이 감사드리며, 사랑과 희망이 있는 이곳에서 학생 여러분은 "미래를 준비하는 민족만이 세계를 지배할 수 있다"는 역사적 안목을 가져주시기 바랍니다. 또한 한국인으로서의 긍지와 자부심을 가지고 세계속에 미래의 주인공이 되기 위하여 더욱 전진해 주시길 바랍니다.

감사합니다.

1995. 7. 20. 한국학교 준공식

한국학교 이사장 인사

바쁘신 가운데도 참석하여 주신 존경하는 대사님, 그리고 한국학교 회원 여러분!

우리 한국학교는 1993년 개교 이래 여러 가지 어려움도 있었지만 어느 재외 한국학교보다도 빠른 성장의 길을 걸어왔다고 할 수 있습니다. 이는 학교 관계자, 정부, 공관 그리고 한인사회의 적극적인 관심과 지원의 결과라고 아니할 수 없습니다.

회원 여러분!

우리 조국은 작년 한 해 동안 IMF라는 어두운 터널을 벗어나기 위하여 모두 노력하고 열심히 뛰었습니다. 우리 싱가포르 한국학교도 예외가 아니어서 운영 경비 절감은 물론이고, 학생 수를 늘리기 위한 토요학교의 학비 인하 조치, 정규교사의 토요 담임 겸임, 정부의 지원금 유치 등으로 재학생 수가 작년말 대비 정규과정 120명에서 140명, 토요과정 130명에서 170명으로 증가되어 99학년도는 흑자예산을 편성할 수 있게 되었습니다.

이 모든 것은 지역사회의 따뜻한 보살핌과 지원의 결과이니, 이 자리를 빌려 깊이 감사드립니다.

이제 우리는 새로운 시대를 열어 가고자 합니다. 미래의 불확실성을 두려워하지 않고 2000년대 명실상부한 종합학교로 발돋움할 한국학교를 그리며, 가까이는 운동장 확충을 위한 부지 구입, 급식 문제 해결을 위한 식당 건립, 그리고 장기적으로는 학교의 확장 이

전 등등 여러 가지 사업들을 추진하고자 합니다. 이는 학교, 이사회, 공관, 한인사회 모두가 힘을 합쳐야만 가능한 일이라고 사료됩니다.

  1999년은 새로운 시대를 위하여 도약을 준비하는 해인 만큼 회원 여러분의 적극적인 관심과 지원을 간곡히 부탁드립니다.

  끝으로 여러 가지 바쁘고 어려운 가운데도 참석하여 주신 모든 분께 감사의 말씀을 전하며 인사말을 갈음할까 합니다.

1999. 6. 23. 한국학교 이사회

한국학교와 꿈나무

6·25전쟁 후 초등학교에 다닌 저는 모두 불타버린 지붕 없는 학교에서 공부하며 비 오는 날에는 학교 이웃 동네집에서 구구단을 외웠고, 겨울에는 눈을 맞으며 전교생이 운동장에서 학기말 시험을 치르던 일들이 아직도 활동사진처럼 생생하게 스쳐갑니다.

지금 아이들은 상상조차 할 수 없는 최악의 조건 속에서도 우리 학교생활은 즐거웠고 꿈이 있었습니다. 그때 같이 공부했던 친구를 50여 년 세월이 지난 이곳 싱가포르에서 우연히 만났을 때 얼마나 반가웠는지 모릅니다. 소중하고 아름다운 추억들이 50여 년이 지난 지금도 그때 그 시절이 그리워지는 것은 오직 저뿐이겠습니까!

그런데 환경이 월등히 좋아진 지금 우리나라 교육문제는 심각한 것 같습니다. 들려오는 소식은 입시 위주의 교육으로 인성부족, 과외비 등으로 인하여 교육 이민자들이 늘어나고 있다니, 교육관계에 종사하고 있는 본인은 무척 안타깝게 생각합니다.

그런 면에서 이곳 싱가포르 한국학교는 1993년에 설립되어 벌써 9년의 세월이 흘렀으니 졸업생 중에는 벌써 의젓한 대학생이 되어 있는 사람도 있을 것입니다.

처음 정원이 꽤 넓은 가정집을 구입하여 해마다 개축과 증축을 거듭하면서 지금의 학교 모습으로 갖추기에는 보이지 않은 많은 분들의 도움과 노력이 있었습니다. 그런 의미에서 이곳 싱가포르에 한국학교는 큰 의미가 있다고 생각합니다.

무엇보다도 선택된 교사 밑에서 가장 효과적인 15명 정도의 선진국식 학급 편성과 한국 정규교육을 중심으로 국제어인 영어를 중점적으로 가르치고 학생 개인들은 자질에 따라 두세 가지 특기를 키우는 이런 교육기관이 이곳 한국학교 외에 또 있겠습니까! 아직은 충분치 못한 환경이지만 이곳 한국학교 학생 여러분은 분명 축복받은 어린이들입니다.

목적을 향해 달리는 사람과 목적을 정하지 않고 무작정 달리는 사람의 출발점은 같아도 결과에는 큰 차이가 있습니다. 꿈을 향해 달리는 여러분의 미래는 분명히 밝을 것입니다.

마지막으로 여러분은 어디까지나 한국인입니다. 아무리 유창하게 영어를 구사한다 해도 미국인이나 영국인이 될 수는 없습니다. 세계가 한 지붕인 21세기라 해도 모국어를 모르는 사람은 뿌리가 약한 허약한 나무와 같습니다. 좋은 나무가 좋은 열매를 맺을 수 있다는 성서 구절을 생각하면서 바로 여러분의 미래가 밝은 한국의 미래임을 잊지 마시기 바랍니다.

2001. 6. 27.

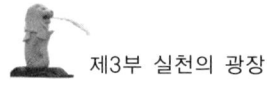 제3부 실천의 광장

싱가포르 평화통일자문회의 지회장
1993. 6~2001. 6

전후 분단국 중 독일의 통일 교훈

　제2차 세계대전이 끝나고 오스트리아, 독일, 한국, 중국, 베트남, 예멘 등이 분단국이 되었다. 그 중 가장 먼저 오스트리아가 1955년 중립화 통일을 성취하였고, 베트남은 1975년 4월 월맹의 무력침공에 의한 군사적 승리 후 공산화 통일을 이룩하였다.

　독일은 우리가 알다시피 1990년 10월 서독이 동독을 합의 흡수하여 통일을 이루었고, 예멘은 1990년 합의 통일을 이룩했다가 1994년 남예멘의 마르크스주의자들이 반란을 일으켜 결국 내란을 통하여 통일을 하게 되었다. 이제 남은 분단국은 중국, 대만과 남북한뿐이다. 그러면 우리는 어떻게, 언제, 통일을 하여야 하는가?

우선 독일의 편입식 통일을 한 번 살펴보자.

독일의 분단은 우리가 익히 알고 있듯이 1945년 2차 세계대전의 종전 결과 미국, 소련, 영국, 프랑스 4대국이 베를린과 나머지 독일 영토를 각각 분할 점령한 데서 비롯되었다.

미국, 영국, 프랑스 점령지역에서는 자유로운 정치활동을 허용하여 1949년 5월 23일 독일 기본법의 공포와 함께 독일 연방공화국(서독)이 수립되었고, 소련 점령지역에서는 같은 해 분단국가체제가 출범하게 되었던 것이다.

독일의 분단은 2차대전을 일으킨 데 대한 연합국의 응징이었으며 독일이 다시는 1,2차 대전과 같은 평화 파괴의 주범이 되지 않도록 하려는 강대국의 의지가 작용한 결과였다. 동서독은 한때 어느 쪽이 정통성을 지닌 국가인가를 놓고 경쟁과 갈등을 벌이기도 했다. 그러나 양 독은 접촉과 교류를 지속하고, 특히 서독은 주변 국가들의 독일에 대한 불안을 불식시키려고 통일이라는 용어 사용도 자제하면서 묵묵히 내부 통일 역량과 외부조건 마련에 주력하였다.

1990년 10월 3일 동서독이 45년의 분단을 청산하고 하나의 독일로 재결합하였다. 아마도 금세기의 가장 획기적인 사건 중 하나는 통치 이데올로기로서 공산주의가 퇴조하는 가운데 동서독이 평화적 통일을 실현시킨 사실일 것이다. 그렇다면 독일 통일에서 우리가 배워야 할 교훈은 무엇인가?

첫째, 통일은 외부의 힘에 의해서 이루어지는 것이 아니라 일차적으로 분단된 민족 스스로의 결의와 힘에 의해서 이루어져야 한다는 사실이다.

둘째, 통일은 어느 날 갑자기 이루어지는 것이 아니라 한 걸음 한 걸음 끊임없이 노력해 온 논리적 결과라는 것이다.

셋째, 서독은 정치, 경제 및 사회복지 등 모든 면에서 자유민주주의와 시장경제체제의 우월성을 확실하게 과시하였다. 다시 말하면 동독 주민 스스로가 사회주의체제를 버리고 서독의 시장경제체제를 택하고자 하는 욕구가 너무나 컸었다는 것이다.

넷째, 정치 통합 이전에 먼저 경제 통합을 실현하여 4대 전승국들로 하여금 정치통합에 반대할 수 없도록 기지를 발휘하는 한편, 경제적으로 뒤떨어진 동독을 위해 서독이 막대한 재정 지원을 해 주었다는 사실도 지적해 볼 만하다.

특히 동독의 대내외 부채, 국가예산 적자를 비롯하여 도로, 전기, 통신, 기간산업 정비 등 재정 부담을 떠안으며 통일에 대비해 내부 통일 역량을 꾸준히 축적해 왔음을 우리는 알아야 한다. 즉 통일은 내실화 작업에서부터 시작해야 한다는 평범한 진리를 우리에게 일깨워 주고 있다.

그렇다면 한국은 서독을 배우고 북한은 동독을 배워야 하는데, 한국은 냉철한 머리로 전략적 지혜를 짜내야 하며 시간과의 싸움에서도 우리 자신의 교만함을 경계하고 내실화를 추구해야 한다.

북한도 대남 적화야욕의 헛된 망상을 하루 빨리 버리고 더불어 잘 살기 위한 민족 공동체 의식을 회복하여 책임 있는 당사자간의 진정한 대화와 협상 테이블로 나와서 평화적인 통일논의를 시작해야 할 것이다.

통일 후 북한난민 수용에 대한 사전 대책

지금 우리나라에서는 경제가 어렵다고 말하고 있다. 사실 정치, 경제, 사회 등 전반에 걸쳐 지난 30년간 쉬지 않고 급속도로 달려온 눈부신 발전의 후유증으로 구조조정이 불가피한 세기말에 놓여 있다.

그러나 더욱더 중요한 우리 민족의 큰 과제는 반세기를 갈라놓은 남과 북의 통일이 머지않아 눈앞에 있는 것이다. 특히 요즘 북한의 식량난으로 인하여 탈북자가 증가하고 있고, 그것도 한두 사람이 아닌 전 가족이 탈북하여 자유의 품으로 찾아들고 있는데 지금부터 전국가적으로 대책을 마련해야겠다.

난민수용소 문제

한꺼번에 문이 열려 물밀듯이 밀려오는 경우도 있겠지만, 이것은 최악의 경우일 것이다. 이 경우를 대비하여 국가에서는 국내 석학들을 동원하여 사전에 모든 것을 정비해야 할 것이다.

내가 지금 논하고자 하는 것은 선별 수용 및 탈북자를 상대로 국내에서 준비해야 할 사항에 대한 것이다. 어차피 바다와 하늘을 통하여 불법적으로 제3국으로 가는 동포들까지 수용한다고 본다면 어림잡아 북한 동포의 5%, 즉 약 100만 명 정도의 탈북자를 위한 생활터전을 마련해야 할 것이다.

이들은 문화, 교육, 사회체제가 다르기 때문에 이념교육이 필요함은 물론, 정착할 수 있는 기술교육 내지 일반교육이 어린이와 학생에게도 필요하므로 집단수용이 불가피할 것으로 보여진다.

그렇다면 집단으로 수용할 수 있는 입지가 마련되어야 하는데, 우선 폐광촌을 생각할 수 있지만 이미 폐광촌도 도시발전계획을 수립하여 진행하고 있으므로 60년대 초 마산수출자유지역처럼 일정한 기간 동안 훈련, 적응시키는 것이 바람직하다.

자유세계로의 진출은 따로 법을 제정하면 될 것이므로 여기에서 특별히 거론하고자 하는 것은 집단 거주촌을 어떻게 건설해야 할 것인가에 대하여 기술할까 한다.

① 집단 거주촌

신도시 개발 중 특히 분당지구의 경험을 살려 집단거주 도시를 개발하는데, 예를 들어 서해안 간척지구 또는 충북 음성군에 있는 꽃동네와 비슷한 규모나 시설로 특정지역을 개발한 다음, 현재 아파트를 지어 분양하고 있는 주택공사 및 건설회사들이 신규개발 허가 신청시 의무적으로 일정한 규격의 아파트(수용건물)를 지정 지역 안에 건설하는 의무조항을 덧붙인다.

그에 필요한 재원은 정부에서 예상편성이나 준조세 형식으로 평화정착금을 국민으로부터 징수하여 해당 건설회사 및 단지 내 공장을 세워 운영하는 회사에 지원하고, 아울러 단지 내에서 생산을 하는 회사들은 난민들을 일용근로자로 채용하거나 혹은 장기 직업훈련 형식으로 고용하여 저임금으로 제품을 생산하는 한편, 직업교육을 시켜 사회에 진출하도록 지원정책을 동시에 펴나가야 할 것으로 보여진다.

한편 아파트는 난민 가족단위로 3년 거치 10년 내지 20년 상환으로 미리 분양하여(별도 규정 필요) 방황하고 불안한 떠돌이 신세가 되지 않도록 배려한다. 더불어 주인의식 및 정착의 안도감을 갖게 한 후 열심히 일하여 상환하는 기회와 기쁨을 주고, 온가족이 노력하여 기간 안에 먼저 상환을 하거나 친지나 친척의 도움으로 독립할 수 있는 능력을 가진 난민가족으로부터 단지 외(자유세계) 자유경쟁사회로 독립시킬 때 그들이 그동안의 경험을 살려 낙오 없이 자본주의 사회에 적응할 수 있을 것이다.

② 직업훈련 및 정착훈련

지난 30년간 우리나라 경제개발의 경험을 바탕으로 앞으로 통일 이후를 생각하여 북한에 맞는 제조생산업이 될 수 있고 현재에도 노동집약적이면서 경쟁력이 있는 산업을 선택하여 정착도시(집단수용소)에 공장 및 기계설비 등을 준비할 필요가 있다. 특히 섬유, 신발, 전자조립은 얼마 전까지 우리나라의 중요한 수출산업 분야였으므로 지금도 공장 설립은 문제가 되지 않을 것으로 보여진다.

현재도 몇몇 상사에서는 이런 산업으로 북한에서 조립, 생산하려고 북한당국과 접촉을 시도하고 있는 것으로 보여지며, 또한 동남아 저개발국에 현지투자하여 한국인의 주도하에 이 산업들이 활발히 생산되고 있는 실정이다. 특히 섬유, 신발, 전자조립은 단순노동자들을 필요로 하여 고용 확대에도 크게 기여하게 되고, 자연 직업훈련을 겸하게 되어 경제발전에 도움은 물론 북한 난민 정착에도 좋은 기회가 될 것으로 사료된다.

화해와 협력으로 평화통일 환경 조성

　지난해 11월 19일 한반도에 세계적인 관심이 모아졌습니다.
　분단 반세기 만에 1,200명의 한국 여행객이 예부터 한반도의 최대 명산이라는 금강산 관광길에 나선 것입니다.
　관광이란 일상생활을 떠나 다른 지역의 의미 있는 장소를 방문해 견문을 넓히고 새로운 삶의 활력을 찾는 것입니다. 그러나 한국인들에게는 금강산 관광이 갈 수 없었던 고향땅을 다시 밟는 감격과 이를 시발로 남북한 교류, 협력의 길이 열려 통일의 초석이 놓여지기를 염원하는 다소 이색적인 뜻으로 받아들여지고 있습니다.
　금강산 관광은 지난해 2월 출범한 김대중 대통령 정부의 새로운 대북정책이 바탕이 된 것으로 보입니다. 즉 '국민의 정부'로 지칭되는 지금의 한국 정부는 북한에 대한 압박을 병행한 종래 정부와 달리 민간교류와 경제협력에 대하여는 조건 없이 허가하는 이른바 '햇볕정책'을 추진하고 있는데, 그 첫 결실이 바로 금강산 개방과 관광이라 하겠습니다.
　그러나 금강산 관광이 한국민의 염원대로 통일의 밑거름이 되기 위해서는 북한의 호응이 변수라 하겠습니다. 일방의 짝사랑만으로 결혼이 성립될 수 없는 것과 마찬가지 이치입니다.

　그런데 지난해 11월 20일 새벽, 한국측 서해 강화도 인근에서는 북한 간첩선이 침투하려다 발각되어 북한 해상으로 도주한 일이 발생하였습니다. 금강산 관광선이 동해를 항해하던 때에 벌어진 일이며, 그 이후에도 남해상에 잠수정 발견 등으로 북한은 이중적 태도로 금강산 관광사업의 장래를 어둡게 하고 있습니다.

향후 금강산 관광사업의 진척 상황은 북한의 실용노선 채택 여부를 가늠하는 기준이 될 것입니다. 북한은 현실적으로 불가능한 무력 공산화 통일에 대한 미련을 버리고 남북간의 화해, 교류, 협력을 근간으로 한국측의 대북정책에 동참해야 할 것입니다.

그리고 경제적인 어려움에 빠져 있는 북한으로서는 이번 금강산 관광의 경우과 같이 한국측과 협력을 통해 돈을 버는 방법을 더 찾아야 할 것으로 보입니다. 이 사업은 이산가족, 외국인 관광객까지 포함하여 연간 100만 명의 관광객을 유치할 수 있다고 본다면, 현재 요금 1인당 약 1,000불 정도로 단순 계산하더라도 10억 불 정도는 수입이 예상되므로 현대측과 나누게 되면 북한은 가만히 앉아서 떼돈을 버는 셈입니다.

북한은 또한 이번 기회에 약 1,000만 명으로 추산되고 있는 한반도 내외에 산재한 이산가족들의 한을 푸는 노력도 해야 할 것입니다. 그래서 세계의 마지막 분단지역인 한반도에 화해와 평화를 정착시키고, 이를 분쟁지역을 포함한 전 세계에 확산시켜 인류 평화에 도움이 되도록 해야 할 것입니다.

1999.

한반도 시대의 개막

■ 대립의 빗장을 풀었습니다

　인내심을 가지고 대북 정책을 추진한 결과 냉전의 빙벽이 허물어지고 있습니다. 21세기의 시작과 더불어 남과 북도 서로 문을 열고 손을 맞잡아야 되겠습니다. 갈등에서 신뢰로! 대결에서 화해로!
　21세기 한반도는 새로운 기운으로 용솟음칩니다.

■ 정상의 만남, 공존공영을 향한 출발

　2000년 6월, 분단 55년 만에 처음으로 정상 간의 역사적인 만남이 이루어졌습니다. 양 정상은 진지하고 솔직하게 민족의 장래를 논의하였고 전쟁 재발 방지와 평화정책에 대한 확고한 공감대를 형성하였습니다.

■ 남북 공동번영의 터전을 마련하고 있습니다

　경의선 철도 및 도로(문산-개성) 복원 추진 → 물류비용 절감, 아시아-유럽 간 철의 실크로드를 연결하고 또한 개성공단을 조성하여 싼 인건비에 좋은 노동력을 이용하여 국제경쟁력을 갖추어 북한의 경제에 도움을 주는 경제협력의 기반을 마련하고 그에 따른 대북투자 보호 촉진을 위한 '투자보장', '이중과세방지', '청산결제', '상사분쟁 해결절차' 합의서 등이 타결되어 경제협력이 과속화되겠습니다.

■ 남북 교역액이 대폭 늘었습니다

2000년 남북 교역액 4억 2,500만 달러로 90년 1,300만 달러에 비하면 엄청난 증가입니다. 교역 품목도 계속 증가하고 다양한 협력사업이 추진되고 있습니다. 평화자동차, 자동차 조립, 수리공장, 태창 금강산 샘물 합영 공장, 국제옥수수재단의 신품종 종자 개발사업 등 남북경협은 북의 개방과 남북 모두의 경제 활로에 도움을 줄 것입니다.

■ 전쟁으로 헤어진 가족이 만나고 있습니다

한 핏줄이 50년 이상 헤어져 기막힌 세월을 보냈고 이제 그리던 가족을 만나고 있습니다. 지금까지 2,370여 명의 가족이 만났습니다.

■ 남북을 오가는 사람들이 많아졌습니다

지난 3년간 1만 7,000여 명의 주민이 남북을 서로 오갔으며, 금강산 방문 인원은 38만여 명을 넘어섰습니다. 특히 북측 인사들의 남한 방문도 활발해져 2000년에는 706명이 다녀갔다고 합니다.

■ 사회, 문화, 종교, 체육, 관광, 언론 등으로 교류 분야가 확대되어
  서로에 대한 이해기반을 넓혀 가고 있습니다

시드니 올림픽 동시 입장, 평양교예단 공연, 남북교향악단 합동연주, 통일농구경기대회, 언론사 사장 방북, KBS 백두산 현지 생방송, SBS 평양 현지방송 등으로 다양화되었습니다.

실천의 광장

■ 한반도에 긴장이 완화되고 있습니다

북한은 2001년 신년 사설 등을 통해 '6·15공동선언'의 철저한 이행을 강조하는 등 우리와의 관계 개선에 적극적이며 군사분계선 일대에 비방, 중상 방송을 중지하였습니다. 2000년 9월에는 남북 국방장관 회담이 열려 전쟁의 위험을 제거하기 위하여 협력하기로 합의하였고, 북한은 미국과 일본과의 관계 개선에 적극성을 보이고 있으며 서방국가들과 관계를 정상화하고 있습니다.

2000년에는 이탈리아, 호주, 필리핀, 영국과 수교하고 2001년에는 네덜란드, 벨기에, 캐나다, 스페인, 독일 등과 수교 협상중입니다. 서방국가와의 외교의 폭을 넓히고 국제적 지지 속에 남북 관계가 발전함에 따라 한반도의 긴장도 완화될 것입니다.

평화와 화해 협력을 향한 남북의 노력은 이제 시작단계라 할 수 있습니다. 그러나 시작이 반입니다. 지금까지의 성과를 바탕으로 남북 간 합의사항을 성실히 이행해 나가면 보다 큰 결실로 이루어질 수 있습니다. 5천 년 역사를 지닌 한민족이 세계의 중심에 우뚝 서는 새로운 세기에 한반도 시대를 열어 나갑시다.

2001.

제3부 실천의 광장

싱가포르 한국상공회의소 회장

2006. 8~2012. 현재

함께 하는 동포사회

 희망찬 을유년을 맞아 대한민국을 세계의 중심국가로 만들려는 우리 각오를 새롭게 다져나가야 하겠습니다. 그리고 지난해 실망스럽고 어려웠던 모든 것을 털어버리고 새 희망의 역사를 만들어 나가야겠습니다.

 지금 사회는 조국뿐만 아니라 우리가 살고 있는 해외에도 다양하고 복잡한 변화를 겪고 있으며 많은 정보 속에 정확한 판단과 신속한 행동이 요구되는 사회가 되었습니다. 조국에서는 한국의 지나온 역사만큼이나 복잡한 갈등 속에 자기 잣대로 계획 없는 재단을 하고 있는 것이 개혁인지 갈등인지 아직은 판단이 서지 않으나, 분명한 것은 혼란의 연속으로 조국이 어찌되지 않을까, 밖에 사는 우리는 걱정이 태산 같습니다. 그렇지만 해외에 살고 있는 동포들은 화합과 단결로 조국의 발전을 위해 노력을 다하여야 할 것입니다. 이곳에 나와 있는 정부 대표인 대사관은 인원과 재정의 한계로 정치, 외교, 통상, 교민 보호에도 시간이 모자랄 정도입니다. 그러므로 동포단체는 문화, 교육, 현지 생활정보, 체육, 친목 등을 보조하면서 조국과 해외동포 사회를 위하여 '관'과 '민'이 공동 노력을 해야겠습니다.

여기에는 동포들의 지속적인 협조와 참여가 있어야 된다고 생각합니다. 한국에서 파견된 상사원, 주재원, 외국 회사에 근무하는 직업인이나 또 해외에서 자영업을 하는 분 모두 한국인의 일원으로 참여하여야 합니다. 3년 정도 있으면 돌아가는데 하는 마음이나 나의 일이 한인사회와 관계없는데, 나의 사업이 한국과 관계없는데 하는 부정적인 생각이 있을 수도 있습니다만, 사람은 떠나도 한국의 위상은 영원히 이곳에 남아 있기 때문입니다. 사실 저도 30년 가까이 해외에서 살고 있지만 일정한 시간이 되면 떠나야 할 타국생활이라는 입장은 누구나 똑같습니다.

그렇다면 내가 내 일을 열심히 하고 내 힘으로 살아가는데 무슨 단체가 필요하며 왜 참여해야 하는가 하고 외면하게 되면 필요한 힘(Synergy)이 되지 못합니다. 우리는 아직도 분단된 조국에 살고 있는 한민족입니다. 이곳에서라도 조국과 달리 각계 각층 사람들이 힘을 합쳐 이곳 사회와 조국을 위하여 단결하고 화합하여 세계 속에 우뚝 선 국가를 건설할 때 진정한 한국인이 되는 것입니다.

새해에는 우리 모두 함께 하는 애국자가 됩시다.

2005. 1. 1. 신년사

무자년(戊子年)의 기대

새해는 항상 새롭게 희망찬 미래를 설계해 보는 참 좋은 시간입니다. 금년에도 많은 일을 계획하고 있지만 그 중에서도 자연이 주는 인간의 인연 중에 만남의 귀중한 시간이 기대되는 일들이 많을 것 같아 괜히 정초부터 마음이 설렙니다.

인생은 너와 나의 만남이고 인간은 만남의 존재입니다. 인간의 만남에는 세 가지가 있다고 합니다.

첫째는 우연의 만남이요, 둘째는 선택의 만남이요, 셋째는 운명적인 만남이랍니다.

우리는 우연히 만난 사람과 가까운 친구가 되기도 하고 그 반대 관계로 변하기도 합니다. 우연한 만남보다는 선택적인 만남이 더 중요합니다. 애인을 선택하고, 스승을 선택하고, 그러나 더 중요한 만남은 부모와 자식, 형제와 자매의 운명적인 만남입니다.

인간은 자기 부모를 선택하는 자유가 없고, 내 자식을 선택하는 자유도 없습니다. 이것은 선택 이전의 운명이요, 하늘이 맺어 준 절대적 만남이요, 인연입니다. 하늘이 맺어 준 인연은 끊을래야 끊을 수가 없습니다. 그런 인연들이 우리가 살아오면서 계속 반복되고 만남의 연이 되어 좋은 관계를 맺고 있으니 더없이 소중한 재산이 되고 있습니다.

그런데 금년에는 저에게 운명적인 만남이 연초부터 있을 것 같아 기다려지고 설레기도 합니다. 사실 제 딸아이가 결혼하고 임신하여 이제 손주가 태어난다고 하니 무척 보고 싶지만, 한편으로는 내 나이가 들어감을 알아야 할 텐데….

　그것보다 더 내 가정에 처음으로 운명적인 만남이 기대되니 행복한 마음을 감출 수가 없습니다. 그것도 그런 것이 금년에는 또 나의 직접적인 선택은 아니지만 또 다른 내 자식들의 선택의 만남이 있을 것 같아 그들의 운명적인 만남이 나의 운명과도 관계가 되니 잔뜩 기대되고 궁금하기도 합니다.

　어느 책에서 보니 인간이 만든 제도 중에 가족제도는 합리적이고 보편적이고 가장 잘 된 제도라고 합니다. 인간이 존재하는 한 가족제도는 영원히 존속할 것이며, 남녀가 가정을 이루고 자녀를 낳아 기르고 가르치고 사랑하면서 상부상조, 공생공존하는 운명 공동체가 가정이라면 가정은 생산과 양육, 애정과 교육의 네 가지 기능을 수행하면서 가장 필요한 도덕을 배우는 곳입니다.

　특히 사랑과 희생을 배우면서 후손을 보고 세대를 형성하여 살아가는 것이 인생사(人生史)라면, 이런 가족제도 내의 가정의 소중한 순간들을 주님께 감사합니다. 또한 이 인연의 만남을 인생 최고의 기쁨으로 삼고 금년에 있을 운명적 만남의 환희와 선택적 만남의 결과를 기대하며 하루하루를 뜻깊게 보내고, 또한 우연의 만남도 귀중한 인생살이의 연결고리가 되게끔 노력하고 키워 갈 것입니다.

　우리 모두 가정생활의 소중함을 깨닫고 새해에도 건강하고 보람찬 한 해를 가정 안에서 스스로 만들어 가시기 바랍니다.

2008. 1. 1. 신년사

2011년 싱가포르 한국상공회의소 자선골프 및 만찬

Distinguished Guests, Ladies and Gentlemen,

Good Evening,

I would like to thank all of you for taking time to be here with us at KOCHAM Charity Golf & Gala Dinner.

I have always looked forward to this time of the year and it gives me great pleasure to stand here today. With the growing support shown to our charity event, I feel a greater responsibility every year in making this day a success.

My initial goal in planning this event was to promote friendly relationships between the Korean and Singaporean community, while giving back to society in the process. I am proud to say that both goals have been accomplished with great success, despite the economy crisis.

It is said that the global economy will have a difficult time this year. Not only is the European crisis worrying, the double dip recession in the US economy remains a concern. There is a Korean saying that goes "Look and check before you take a step." I believe it would be wise for us to be more cautious and careful as we adapt to the flow of the global economy until it stabilizes.

The Korean community is steadily growing bigger in Singapore, and it has now exceeded 20 thousand people. As the number of people who are active in the business field grows, KOCHAM feels the need to contribute more to this community in order to meet our social responsibility, and I would like to take this time now to give my word that KOCHAM will indeed rise to meet your future expectations.

Last but not least, forget and let go of all your worries just for tonight and please enjoy yourselves.

Thank you very much.

안녕하십니까.

2011년도 싱가포르 한국상공회의소 자선골프 및 만찬 행사에 참석해 주신 인사 여러분, 그리고 회원 여러분 감사합니다.

2006년도 취임 이후 네 번째 맞이하는 행사에 이렇게 많은 회원들과 손님들께서 후원해 주시니 회장인 저로서는 큰 기쁨인 동시에 더 막중한 책임을 주시는 것 같아 부담스럽기도 합니다.

첫 번째 자선골프 행사를 시작했던 2008년도에는 금융위기가 전 세계에 엄청난 여파를 미친 한 해였습니다. 리먼 브라더스가 파산을 했고, 금융시장도 급격히 쇠락했으며, 수출입도 급감하기 시작했었습니다. 실업률 상승과 맞물려 우리 회복 능력에 대해 사람들의 우려가 많았던 시기였습니다.

최근에는 미국에 이어 유럽의 재정 위기로 인해 전 세계 재정 위기 확산 우려로 우리를 위협하고 있습니다. 유로존의 문제는 해결이 쉽지 않으며, 이는 올해 말이나 내년 초에 세계 경제에 큰 충격을 줄 것이라는 예견 및 전망이 우세합니다.

유럽 재정 위기는 해법이 쉽지 않으며, 한동안 불안정한 상태로 갈 가능성이 크다고 하니, 이런 힘든 시기에 열심히 일하고 있는 싱가포르 우리 상공인들이 특별히 신경을 써서 대비해 나갈 수 있도록 하는 것이 더더욱 중요하겠습니다.

힘든 시기일수록 우리 한인 상공인들은 더 큰 단결력으로 한국인의 저력을 보여 주어야 할 것입니다. 바쁘신 와중에 본 행사를 후원해 주시고 참여해 주신 여러분께 다시 한 번 감사드리며, 2011년도 본 행사를 시작하도록 하겠습니다.

오늘 행사에도 행운권 추첨 및 공연행사가 준비되어 있사오니 오늘 하루만큼은 즐겁고 신나는 저녁시간이 되셨으면 합니다.

감사합니다.

2011. 1. 16

CJ GLS New Year's Dinner

His Excellency Ambassador Kim JoongKeun
GLS Advisor & Former Minister of Singapore Mr Yeo Chow Tong,
Ladies and Gentlemen,

Good Evening!

I'd like to thank all of you as part of the CJ GLS family throughout a year of 2009.

Despite the difficult working environment, CJ GLS Asia has managed to achieve our goals for 2009 successfully.

As you may know, CJ GLS has been expanding our global operations since 2006, going into Asia first and other parts of the world.

As one of the core businesses supporting the CJ Group, it is our aim to grow into one of the top global logistic companies. Our Group is confident of realizing our goals and our recent achievements in China show that we can.

I believe that the logistic industry is the foundation of most other industries, and has great potential in the future. Therefore, I will work hard with you and support you the best I can to help our company grow.

We have 2,400 GLS members overseas and not everyone

could be here tonight. But I want to congratulate everyone on the job well done and look forward to an even better year in 2010.

2010 is the year of Tiger so here is wishing all of us a roaring good year.

Please hold up your wine glasses and when I say "For CJ Group, For CJ GLS, For your health", please respond with saying Cheers 3 times.

I wish you a blessed 2010.

2010. 7. 23

17th SMP(Senior Management Programme) Networking Lunch with Korean Business Community

Distinguished Guests,
Ladies and Gentlemen,

Good afternoon.

I would like to thank you for giving us this opportunity to meet all of you today.

As you may know, Singapore and Korea are at a very important stage, with their economies moving up to the globalization. Even though both countries are different in size, the success of the two nations is thanks to excellence in human resources development and national governance.

As late Dr Goh Keng Swee noted "Besides sand and granite, Singapore had no natural resources and the domestic market was too small to support import substitution manufacturing". But today Singapore is the fourth rich country in the world in terms of GDP per capita.

In 2009, South Korea was the ninth largest exporter and tenth largest importer in the world. Korea relies largely upon exports to drive its economy, especially in IT, steel, ships, electronics, automobiles and telecommunication.

Both countries rely on exports and human resources, now it is time for us to open our minds to learn from each other and pursue more cooperation between countries and peoples.

I've heard that the 17th SMP Delegation will be visiting South Korea to understand and learn about Korea. It will be great for you to experience Korean culture and industry in Korea.

I hope you have a great time in Korea and I look forward to meeting you again to exchange our experiences and nurture our relationship.

I wish everyone here good health, peace and happiness.
Thanks you.

 에필로그

인공의 낙원에서

싱가포르는 적도 북1도에 위치한 나라로 일년 내내 무더운 열대지역이다. 하지만 이곳에도 계절은 있다. 매달 다른 꽃들이 피어나고, 새들의 지저귐도 다르다. 낙엽이 지는가 하면 연초록 새싹이 피어나고, 고추잠자리가 푸른 들판을 빨갛게 물들이며 비행을 하면 파란 하늘과 어우러져 마치 한국의 가을을 연상케 한다.

이런 변화무쌍한 환경에서 나의 생활이 순탄한 것만은 아니었지만, 이곳에서 나는 꿈을 키우고 행복한 삶을 만들었다.

회사일로 싱가포르에 부임한 것은 행운이었다.

1982년 싱가포르는 개발이 되지 않아 시골티를 벗어나지 못한 도시에서 국제적인 도시로 이제 막 탈바꿈을 시작한 때였다고 생각한다. 현재 싱가포르 창이 공항은 세계에서도 손꼽히는 최고의 국제공항이지만, 당시 Paya Lebar에 있던 공항은 국제공항이란 칭호에 어울리지 않게 인근에 갈대밭과 돼지우리가 있는 촌동네였다.

싱가포르식 영어인 싱글리시, 광동어뿐만 아니라 말레이어, 타밀어 등 다양한 인종의 다양한 언어는 생소하기만 했다. 지금은 싱가포르뿐 아니라 세계적인 쇼핑거리로 명성을 날리고 있는 오차드 로드는 길 양옆에 도랑이 그대로 방치되어 있어 술에 취한 취객들이 비틀거리다가 그곳에 빠지는 일이 있을 정도였고, 오차드 중심에는 높은 언덕이 있어 근처에서 일하던 노동자들이 삼삼오오 무리지어 모여앉아 휴식을 취하는 모습이 신기하기도 하였다.

싱가포르는 우리나라 서울보다 약간 크지만 인구는 1/4에 불과한 250만 정도였다. 산이 없고 활용할 수 있는 토지가 많아 넓은 땅들이 시내뿐만 아니라 외곽에도 많이 있어 혼란스럽지 않고 여유 있는 모습이 인상적이었다.

여러 가지로 서울에 비해 낙후된 느낌이었지만 도시 어디를 가도 울창한 나무와 푸른 잔디로 덮여 있어 전원도시로서 세계 일류로 꼽을 만큼 쾌적한 환경을 제공하고 있었다.

회사를 나와 자립하고, 인생에서 가장 중요한 시기를 싱가포르에서 보내면서 작은 도시가 국제도시로 어떻게 성장하고 변화했는지를 눈으로 보고 몸으로 체험할 수 있었다. 이로써 싱가포르는 나와 함께 성숙하고 도약하며 나와 호흡을 맞춘 국가라는 느낌마저 들게 되었다.

30여 년 넘게 살아온 이곳 생활을 돌아보니 싱가포르는 몇 가지 특징이 있는 나라이다.

- 신용으로 모든 것이 이루어진다.
- 범죄가 발붙일 수 없는 질서와 준법정신이 투철하다.
- 공무원들의 부정부패가 없다.
- 열대지역이지만 뛰어난 관리로 모기나 파리가 없다.
- 우기와 건기로 나뉘어진다.
- 일년 내내 꽃이 피고 전원도시답게 나무와 꽃들이 잘 가꾸어져 있다.
- 교통이 복잡하지 않게 도로가 잘 정리되어 있다.
- 여러 인종과 여러 언어가 공존한다.
- 자본은 중국인, 제조는 말레이인, 기술력은 인도인, 국제무역은 세계인이 담당하는 다양한 사회이다.

적도에 위치한 사시사철 덥고 습한 나라 싱가포르이지만 태국, 말레이시아, 인도네시아 등 이웃 국가에 비해 덥지 않고 쾌적하며, 실제로 1960년대에 비해 1990년대 이후 싱가포르 최고 온도는 1도 정도 낮아졌다고 한다. 그것은 놀랍게도 인간의 힘으로 이루어 낸 성과이다.

1960년대 싱가포르는 도박, 마약, 매춘이 횡행하던 위험하고 황폐한 곳이었으나, 말레이시아로부터 독립한 후 대대적인 국가 개조를 통해 40여 년 만에 국제금융도시로 환골탈태한 것이다.

싱가포르 정부는 이곳의 울창한 숲을 잘 가꾸어 한낮의 뜨거운 태양을 피하는 그늘을 만들고, 공터에는 잔디를 심어 지열을 낮추는 노력을 기울였다. 또한 도로와 환경을 정비하고, 대대적인 국민주택 사업을 실시하는 등 완벽한 도시개발을 이루었다.

이러한 노력의 결실로 싱가포르는 동남아시아에서 가장 쾌적하고 깨끗한 국가로 경쟁력을 갖추게 된 것이다. 우리나라의 경제성장도 눈부시지만 좁은 국토, 적은 인구, 아무런 부존자원 없는 싱가포르의 발전 역시 세계인의 귀감이 될 만하다. 오직 인간의 역량과 노력으로 일궈 낸 인공의 낙원(Artificial Paradise)의 위용에 세계가 찬사를 보내는 이유가 바로 여기에 있다.

처음 이곳에 부임했을 때 한인사회는 각종 단체가 만들어지기 시작한 태동기에서 발전기로 접어든 시기였다. 한인회, 한국학교, 상공회의소 등에서 단체장을 하다 보니 연설문, 축사 등 원고들이 차곡차곡 쌓여 정리하게 되었다. 개인의 역사일 뿐 아니라 한인사회의 역사가 그대로 담겨 있어 그저 내버리기 아깝기도 하여 몇 가지 원고를 새로 써서 한 권의 책으로 엮어 보았다. 부디 싱가포르에서 생활하는 후배들에게 조금이라도 도움이 되길 바라는 마음을 헤아려 주기 바란다.